NPOは何を変えてきたか

What and How have Nonprofit Organizations changed the society?

市民社会への道のり

The process to civil society

川崎あや 著

KAWASAKI Aya

有信堂

まえがき

ＮＰＯ（民間非営利組織、Nonprofit Organization）は今日の日本社会の中で、多くの人が知る言葉となった。どのような組織なのか、どのような種類の活動をしているのかを詳しく知っているという人はそれほど多くはないだろうが、「ボランティアが集まっている団体」とか、「社会に貢献している団体」とか、「困っている人を助ける団体」などと、イメージとしては定着してきたように思う。マスメディアでもＮＰＯという言葉はしばしば登場する。身近な生活の中にＮＰＯの活動が存在することもある。そして、現在の若者たちは、中学や高校の教科書で「ＮＰＯ」を目にするようだ。学校の授業に組み込まれたボランティア体験で、体験先がＮＰＯだったということも聞く。

私は、ＮＰＯという言葉が日本の社会に登場する前の一九八〇年代後半、大学院生だったころに市民活動の情報センターで働き始め、一九九〇年代前半にＮＰＯという言葉に出会った。一九九〇年代から二〇〇〇年代にＮＰＯ支援に取り組み、ＮＰＯが日本社会に認知され定着していく様子を目の当たりにしてきた。一九九八年のＮＰＯ法（特定非営利活動促進法）の制定とその後のＮＰＯ法人の増加、次々と打ち出される自治体のＮＰＯ支援施策などである。二〇一〇年以降は、昨今の社会で大きな問題となっている「困窮」という問題にＮＰＯが連携して取り組む生活困窮者支援に携わってきた。

多くの大学で、学部を問わず、NPOをテーマとした授業が設けられるようになり、私もいくつかの大学で非常勤講師としてNPOに関する授業を担当するようになった。毎年授業を開始するときに学生たちに聞くと、NPOについては「なんとなくは知っている」と答える。NPOが学生たちに、なんとなくであっても知られる存在になっていることに、時代の変化を感じる。

彼らのNPOに対するイメージもまた、「ボランティアが集まっている団体」「社会に貢献している団体」「困っている人を助ける団体」といった漠然としたものが多いが、社会の中でNPOの役割は重要だと思っているとか、自分も何らかの形でNPOに関わりたいと考えているなど、様々な動機でNPOについて深く学ぼうとする学生も増えてきた。これからの社会を担う若い世代がNPOに関心をもってくれるのはうれしい。

しかし、である。学生たちは、NPOが社会を変えていく存在だというイメージをあまりもっていない。私自身は、NPOは市民が主体的に社会を変えていくために必要な組織だと考えてきたのだが、学生たちにとって、そもそも市民が社会を変えるという発想があまりないこともある。

同じように、NPOが収益事業も行う経済主体であることへの理解も薄い。NPO（民間非営利組織）の非営利という言葉が金銭的な利益や収益とは無縁の存在なのだろうというイメージを与え続けている。今のNPOは、企業と比べるとほとんどが零細企業かそれ以下の規模であるが、社会の変革を実現する存在となるためには、社会的、政治的、経済的に影響力を与える存在となる必要がある。

NPOには、様々な機能がある。社会に役立ちたいと思う人にボランティアとして活動の機会を提供するのもNPOの機能であろうし、退職後の第二の人生を地域に関わりたいと思う人たちの受け皿としての機能もある。

「困っている人を助ける」という機能ももちろんある。さらに子育て中の親たち、介護をしている家族、様々な困難を抱える人たちが、当事者どうしの共通体験をもとに共感しあい情報交換できる場としての機能などもある。そうした様々な機能をもつのがＮＰＯであるが、ＮＰＯには社会を変えていくという重要な機能があるのだということを理解してほしい。実際、これまでに、ＮＰＯは社会がまだ認知していなかった課題を顕在化させ、人々の価値観を変え、社会システムや法制度を変える推進力にもなってきた。それはたまたまそうなったのではなく、ＮＰＯを立ち上げた人たち、参加した人たちに、社会を変えようという意思があったからだ。

考えてみれば、市民が社会を変える、ＮＰＯが社会を変える、ということを、ＮＰＯに関わり続けてきた人たちがしっかりと伝えてこられただろうか。学生などの若者に対してだけでなく、数多くのＮＰＯが活動するようになった今日、ＮＰＯを新たに立ち上げる人たちや新たにＮＰＯに参加する人たちに対してもである。社会を変えるという意思を持たなければＮＰＯを立ち上げたり、参加したりするべきではないなどと言うつもりはない。ＮＰＯは人々の様々な思いで広がっていく。そうやって社会に浸透し定着していく。ただ、ＮＰＯには社会を変える役割や可能性があるのだということを伝えて続けていくことは大切なことだ。

私は大学の授業で、ＮＰＯの基礎知識から始まり、ＮＰＯの歴史、社会に存在する課題とその課題に対するＮＰＯの取り組み事例、行政や企業との関係などを伝えることが多いが、ＮＰＯが、実践を通した社会への働きかけや政策提案により、社会の価値観やシステムを変えてきた存在でもあるということは、学生とって新鮮な発見となるようだ。市民や、市民の組織であるＮＰＯが社会を変えることができるということに強い関心を示す学生も少なからず存在する。あるいは、自分自身の経験や問題意識を見つめ直す学生もいる。ＮＰＯについて知ることとは、単に知識を深める以上に、今日の社会のあり方を考え、その社会に生きる自分自身と向き合うことでもある。社会に出て、直接NPOに関わらなくても、企業の一員として、公務員として、家庭人として、地域住民として、見ようとしなければ見えない問題に目を凝らし、その問題がなぜ起こっているのか、どうしたら解決できるのか、自分自身がどのように関わることができるのかを考えることもできる。NPOとはそういう存在なのだと思う。

本書は、NPOが（市民がNPOという組織を通して、と言ってもいい）、どのように変化し、社会の何を変えてきたのかを、私自身のNPOに関わってきた経験をもとにまとめたものである。変わったことだけではない。いまだに変えることができないままのこともある。新たに生じている課題もある。

「序章　学生が社会とつながる」では、私の学生時代のことを書かせてもらった。もう四〇年近くも前のことで、思い出話を綴っているように思われるかもしれないが、あえてこの序章を入れさせてもらった。大学で学生たちに、私自身の経験を交えてNPOについて話をすると、必ずといっていいほど、「なぜNPOに関わるようになったのですか」「就職活動をしないで大学卒業後NPOで働くようになったのはなぜですか。生活の不安はなかったのですか」というような質問を浴びるのである。私の中では自然の流れでもあり、私なりに納得した選択だったのだが、これから社会に出ていこうとしている学生にとっては、無謀な行動に思えるのかもしれない。そんな問いにあらかじめ答えておきたいと、序章を設けさせてもらった。

第1章以降は、一九八〇年代後半から現在までの、NPO等の活動の変遷、社会の変遷、NPOの意義や、NPOをめぐる様々な課題などを、それぞれ私自身の実体験も織り交ぜながら論じている。私自身の活動のフィールドが神奈川県であったことから、取り上げる事例はほぼ神奈川県内の事例である。全国各地に同様の事例や先駆的な事例などもあるが、私が実際に経験したこと、関わりをもったことを取り上げさせてもらったので、結果として神奈川県内の事例がほとんどとなっていることをご了承いただきたい。

「第1章　発展する市民活動の真っただ中で」は、市民の運動・活動が異議申し立てにとどまらない実践や政策提案を展開するようになった一九八〇年代後半から、NPOへの注目、NPO法（特定非営利活動促進法）の制定、NPO法人の登場と続いた一九九〇年代の約一〇年間を紹介する。

「第2章　市民自治とNPO」では、市民活動やNPOの意義を、「市民自治」という観点から論じる。市民活動やNPOが、参加民主主義やコミュニティとどのような関係にあるのかについても考察する。

「第3章　中間支援組織の役割を問う」では、NPOが社会に認知される過程で、NPOの支援や普及に大きな役割を果たしてきた「中間支援組織」に焦点をあてる。私自身が所属し働いていた「まちづくり情報センターかながわ」も中間支援組織とされてきた。中間支援組織の変容を追いながら、中間支援組織の役割とは何か、NPOの何を支援するのかといった問題を提起したい。

「第4章　様々な形での社会変革と公益創造」では、事業型NPOなどNPOの多様な発展とともに、非営利組織であるNPOに限らず、営利組織としても取り組まれているソーシャルビジネスや、新たな働き方を提案しつつ社会の課題解決に取り組むワーカーズ・コレクティブなどを、社会変革と公益創造の担い手として注目したい。

「第5章　NPOによる政策提案」は、NPOの機能、役割として不可欠だと考える政策提案について論じている。NPOの実践が、社会で支援やサービスを必要としている人のニーズに応えるというだけでなく、そうしたニーズを社会化する役割や、新たなシステムや法制度を提案し、実現する役割もあるということを伝えたい。

「第6章　子どもの命と人権を守る」と「第7章　生活困窮者支援」は、「子どもの命と人権」「生活困窮者支援」という具体的なテーマを取り上げて、これらのテーマに関して、どのような課題があり、NPO等がどのように取り組み、社会がどのように変わってきているのかを具体的に見ていく。取り上げたテーマは、私自身が深く関わってきた分野でもある。

「第8章　NPOは行政の下請けではない」では、NPOと行政の関係について取り上げている。立場は違えど、NPOも行政も公益の担い手であり、NPOと行政の関係はますます密接になっている。「NPOと行政の協働」は社会を変えていくうえでは不可欠であるが、あえて「NPOは行政の下請けではない」というタイトルにしたのは、「協働」の名のもとでの、NPOの行政の下請け化に強く危機感をもっているからである。

「第9章　生き方としてのNPO」と「第10章　父の介護からわかったこと」では、私のこれまでの人生や生活そのものを題材にさせてもらった。個人の経験ではあるが、ジェンダーの問題をどう解消するのか、人間が生きていくうえでの様々な困難を支え合うシステムをどう構築していくのかといったことは、社会の課題として取り組んでいく必要がある。そのメッセージを込めたつもりだ。

「第11章　市民社会をめざして」は、NPOを通して市民の力が発揮できる明るい未来を展望できればよかったのだが、格差や分断が広がる現実の社会はそれほど能天気にポジティブになれる状態ではない。その中にあって、いやむしろその中にあってこそ、NPOを通して蓄えられた市民の力が必要なのだと思うし、市民が社会を変えていくというNPOの実践が、市民社会への道のりとして不可欠なのだと思う。

ＮＰＯは何を変えてきたか／目　次

ＮＰＯは何を変えてきたか――市民社会への道のり

序　章　学生が社会とつながる
――自由ラジオ、ワーカーズ・コレクティブ、選挙、市民活動の情報センター

1.　浪人時代の読書で教科書から学ばない「社会」にふれた

「私の知らない『社会』がこんなにもあったのか」。――そのことに気がつき始めたのは、高校を卒業して予備校生活を始めた頃だった。もう四〇年も前のことだ。

高校時代は、運動部の部活には励んだが、授業についていけているとは言えないままに三年間が過ぎた。受験勉強も何から手をつけていいかわからない状態だったから、受験した大学は当然ながらすべて不合格。現役で大学に合格できなければ浪人、というのが当たり前の進学校だったこともあり、私も当然のように予備校生活を始めた。

大学に行ってその先どうするのか、何を学び、どのような職業に就きたいのかなど、高校時代は考えてもいなかった。ただ周りがみな大学に進学するので、私もまたそうするのが当然だろうと思っていたくらいだった。友人たちが「教員になりたいから大学は教育学部に行く」「英語が得意だから英語を専攻する」などと具体的な進

路を口にしだしても、私はまだ自分の将来というものを思い描くことはできないでいた。

そんな私に、担任の教師は、体育を専攻するなら現役合格の可能性もあると助言してくれた。私は体育の成績は良かった。「大学で体育を専攻すると卒業後はどうなるのですか」と聞く私に、担任教師は、選択肢として体育の教員を例にあげた。その時、私は気乗りがしなかった。教員になりたいわけではないと考えている自分に気がついたのだ。それが、私が具体的に自分の将来を考えた最初だったかもしれない。

「じゃあどうするの」という自分自身への問いに、「私はこの社会のことをあまりにも知らない。せめて大学では社会のことを学びたい」と思うようになっていった。具体的に学びたいテーマがあったわけでも、何かしらの問題意識をもっていたわけでもない。ただ、社会で起こっていることに疎いまま、大人になり、職業に就いてしまうことに漠然とした抵抗が生まれてきた。とりあえず大学は社会学系の学部にしようと決めた。そして、私にとって未知の世界であったが、未知であるがゆえに学び甲斐もありそうな「政治学」を専攻してみようと考えた。

急いで、名前を知っている大学の政治学科の願書を取り寄せて数校受験したがすべて不合格。それから予備校で一年、本来ならば高校で教わったはずの勉強を一からやり直した。その合間に、何冊かの本を読んだ。それまで読む本といったら小説が主だったが、大きな書店で、初めて社会科学系のコーナーに足を運んだ。様々な理論書はタイトルを見るだけでも難しくてとても理解できそうになかった。ノンフィクションコーナーで、興味をもったタイトルの本を買って少しずつ読んでみた。何を読んだのかもうほとんど覚えていないが面白かった。「面白い」という表現が適切かどうかはわからないが、霞がかかっていた視界が晴れていくような、何があるかわからなかったその向こうの景色が少しずつ見えてくるようなそんな感覚だった。知的好奇心をかきたてられた最初の経験だったのかもしれない。

私が読んだ本の中の一冊に、本多勝一の『殺される側の論理』があったことは記憶している。それまで中学校や高校の、歴史の教科書に二〜三行で書かれていたこと、試験や受験のために暗記していたこと、私にとってそれ以上でもそれ以下でもなかったことの背景に、社会の諸相が潜んでいることを知った。「事実」は一つではないこと、視点を変えてみることでまったく別のとらえ方もできることなどに興味をそそられた。世界でそれまでに起こってきた、そして、まさに今起こっている戦争や紛争、貧困、差別、人権侵害、そうした問題も具体的に知ることができた。

それらは、学校では教えてくれなかった「社会」だった。これが「学ぶ」ということかと思えた。何かを教えてもらい覚えるという勉強は、いわば受動的「学び」だった。それに対して疑問や問題意識をもって自分から知ろうとする能動的な「学び」のもつ魅力を実感することができた。

受験勉強は一年の辛抱、人生の中でがむしゃらに覚える勉強をするのはこれが最初で最後だろうから経験しておくのもいい、大学に入学したらまったく別の「学び」に時間を費やそう、そんな期待を抱くようになった。

2. 夜のレストランでの自由ラジオ放送

一年間の予備校生活を経て、一九八二年の春に、私は中央大学法学部政治学科に入学した。大学の授業は面白かった。もちろん中には難しすぎてちんぷんかんぷんな授業、履修してはみたが興味が持てずに苦痛だった授業、苦手な語学など、すべてがすべて「面白い」と感じられたわけではないが、知らなかったことを知る面白さ、物事を様々な角度から考える面白さ、問題意識を掘り下げる面白さなどを、数々の授業から得ることができた。それまでにない学びの経験だった。

大学では、一年生で家永三郎教授の歴史の授業を受講し、二年生になると家永ゼミを履修した。家永教授の講義は、ご自身の研究を記した著書『太平洋戦争』をもとに進められた。実直そのものの教授の授業は、冗談を交えるわけでもなく、ご自身の著書を朗読しながら進められる授業であったが、太平洋戦争中に日本軍が中国大陸やアジアの国々でどのような行為を行ってきたのかということを、ご自身の緻密な研究に基づいて紹介しながら熱っぽく語る授業だった。それまでは、主に、年表に忠実に出来事や著名な人物名を覚えることでしか現代史と接してこなかった私にとっては、まったく別の現代史の一面に遭遇したような気がした。「史実」というものに様々な見解があるということを理解するとともに、どのような視点や立ち位置で考察するかによって、一つの出来事の歴史的な意味合いが変わってくるということを感じた。自分の視野が広がり、問題意識が深まる感覚は面白かった。今を生きる自分たちにつながる「学び」でもあった。

そして、私の大学生活をより豊かな「学び」の時期としたのは、授業では学ぶことのできない「社会」を体験する機会に遭遇できたことだった。

私が大学入学後にアパートを借りていた川崎市多摩区の地域での、「生活クラブ生活協同組合・神奈川」（以下、「生活クラブ生協」）の組合員の女性たちとの出会いである。

私のアパートから徒歩数分のところで、生活クラブ生協の女性たちが、「ワーカーズ・コレクティブ」を立ち上げ、生協で扱っている食材を使ってランチを提供するレストランを運営していた。ワーカーズ・コレクティブは生活クラブ生協の運動の中で始まった、女性たちが地域で働く場をつくりだそうとする試みである。雇う側と雇われる側が存在する雇用関係ではなく、働く人すべてが経営に関わるという協同労働だ（ワーカーズ・コレクティブについての詳細は第4章で紹介している）。

大学の先輩の紹介で、生活クラブ生協の職員やワーカーズ・コレクティブの女性たちと出会い、学生たちでこのレストランの店舗を使って、地域の人が集える場を運営しないかと持ちかけられた。

レストランを運営していた女性たちのほとんどが主婦だった。学齢期の子どもをもつ人たちも多かった。レストランの営業はランチのみで、午後三時ごろには閉店する。その店を夜間活用して、若い人たちで、地域の人が集える場づくりができないかと声をかけられたのである。

私は、大学の友人や同じアパートの学生など数人に声をかけ、近くで昼間働いている若者も加えて、二〇歳前後の数人が集まった。ワーカーズ・コレクティブの女性たちとも話し合いを重ね、ローテーションを組んで、平日の夕方から夜にかけて、お酒とつまみを出すスナックを開くことにした。週一回は、店内で地域に向けて「自由ラジオ（いわゆるミニFM）放送」を行うことになった。

結論から言うと、店の経営は散々な結果で、一年足らずで閉店した。地域とのつながりもほとんどなく、友人・知人もほとんど学生という私たちの集客力は乏しいものだった。たまにふらっと入ってきてくれる地域の一般客に対して、気の利いた会話ができるわけでもない。支援者である固定客以外は客足も伸びず、当たり前だが売り上げも伸びなかった。生活クラブ生協やワーカーズ・コレクティブの方々の手厚いサポートがあったとは言え、接客の経験もなく、料理もど素人、地域とのつながりもない若者たちが、それで食べていこうという覚悟もなく飲食店を経営するなど、今から思うととても無謀なことだった。

ただ、私にとってこの経験は貴重なものとなった。「働く」ということは、どこかに雇われて賃金をもらうものとしかイメージしていなかった私が、自分たちで働く場をつくりだすという発想や、働く人たちが経営に参加するという働き方があるということを目の当たりにしたのだ。その時出会ったワーカーズ・コレクティブで働く女性たちの家庭の生計維持者は主に夫だった。彼女たちのワーカーズ・コレクティブでの収入は、女性の経済的自立とはほど遠い金額だと思われた。しかし、やりようによっては、経済的自立も可能になるのではないかと思った。その後、私が自分の働き方を選択していく過程で、この時の経験は原体験として生きていくことになる。

もう一つ、この経験は私に「地域」や「社会の課題」を意識するきっかけを与えてくれた。自由ラジオ放送でゲストに招いた人たちとの出会いは、大学の座学だけでは学ぶことのできない、リアルな「地域」や「社会の課題」を教えてくれたのだった。

3. 問題意識をもった人たちとの「目から鱗」の出会い

自由ラジオ放送は、当時一部の人々の間で流行《はや》っていたミニFMである。スマホもインターネットもない時代、個別の連絡手段は固定電話、FAX、手紙のみ。社会の情報を得る手段は、主にテレビ、ラジオ、新聞というマスメディアだけだった。個人や小さな組織が社会に向けて発信する手段は、ほとんどない時代だった。

そんな時代にあって、地域向けのミニコミ紙や、使用されていないFMの周波を使って発信するミニFMが、地域メディアとして注目されていた。このミニFMを、市民が社会に向けて自由に発信する社会運動として活用する場合は、「自由ラジオ」という表現をすることもあった。

生活クラブ生協は、ワーカーズ・コレクティブが運営するレストランを若者が中心になって夜営業し、その店内にかんたんなスタジオをつくって自由ラジオ放送による情報発信を行うことで、地域の若い世代が集まれる場をつくりたかったのかもしれない。

店とともに自由ラジオ放送に使う機材も用意してもらい、私たち学生は毎週一回、店の営業時間内に店内の一角をスタジオにしてラジオ放送をした。

自由ラジオ放送には、学生だけでなく、フリーライターなどの社会人も参加してくれた。時にはゲストを招いてインタビューし、それをライブで放送した。地域で環境保全活動やリサイクルの活動をしていた人、平和や人権の活動家でもあるジャーナリスト、女性差別と闘う弁護士など、その後社会的にも大きな影響力をもつようになった方々が来てくれたこともある。

この自由ラジオ放送の電波は半径五百メートル圏内には届くはずだったが、はたして聞いてくれている人がいたのかはわからない。地域に放送日などを書いたチラシも配布したが、反応はほとんどなかった。関係者や知り合い以外の地域の人が、放送日に店に足を運んでくれるというわけでもなかった。店の営業終了とともに、自由ラジオ放送も終了した。

ただ、地域や社会で問題意識をもって行動に移している人たちとの出会いは、関わった学生たちには新鮮な刺激を与えてくれた。特に私にとっては、この社会には見ようとしなければ見えない問題がたくさんあること、その中には、自分の生活や暮らしている地域と密接に関わっている問題も多いということを知り、まさに「目から鱗」の体験だった。

例えば、地域で次々と自然環境が失われているということ、障がいがあるということで様々な差別が存在しているということ、男女別姓を求める運動があり、それが女性差別という問題と深く関わっていること、世界には様々な紛争や搾取が存在し、命や生活を脅かされている人たちがたくさんいるということ。そして、最も驚いたのは、こうした問題に、政治家や知識人、社会運動家といった人たちだけでなく、主婦やサラリーマンなどの市民が、様々な取り組みを行っているということを目の当たりにしたことだった。市民が、地域や社会の問題に対して変化や変革を求め、同じ思いをもっている人たちとともに行動していることに、興味をそそられていった。

4. 考え、行動するために知る。それが「学び」になった

私の大学生活は忙しかった。大学の授業、奨学金だけでは賄えない生活費を稼ぐためのアルバイト、地域でのレストランの運営と自由ラジオ放送。疲れてさぼってしまう授業も結構あったが、ワーカーズ・コレクティブの女性たちや自由ラジオ放送で様々な活動をする人たちと出会って、大学での「学び」の意味も大きく変わっていった。

様々な人との出会いから生まれた私の問題意識は、この人たちの行動は社会的にどのような意味のある行為なのだろうか？　一般の市民が社会や地域の問題を解決し、社会を変えていくことができるのか？　というものだった。

そんな疑問を漠然と抱えるようになった私にとって、大学の政治学科で学ぶ、政治学や政治思想史、地域政治学といった授業は、知識の習得以上に私の「なぜ」を解くヒントになっていった。私の知的好奇心は、「知らないことを知りたい」というより、「今社会で起こっていることや自分が実践していることがどのような意味をもつのかを見極めたい」という思いに変わっていった。「考え、行動するために知ること」が私にとっての「学び」となっていった。

大学の学びのヒントで特に私が関心を引かれたのは、「主体的市民」、「市民自治」、「市民参加」、「参加民主主義」などの概念や理論だった。

「主体的市民」は、戦後民主主義の思想家、丸山眞男氏などが求めた市民の理想像である。社会の様々な問題や争点に対して、個人個人の意思で判断し、主体的に行動する市民像である。「市民自治」は、政治学者の松下圭一氏が「市民自治の憲法理論」で提唱した。「主体的市民」が身近な地域の政治に関わり、地域のあり方を変えていく。具体的には自治体政策を市民参加によって決めていくというものであり、国→自治体→市民という意思決定ではなく、市民→自治体→国という意思決定のプロセスを求めていくものである。

市民が直接参加して意思決定を行う「参加民主主義」にも関心をもった。私の周りで行動を起こしている人たちは、「主体的市民」の行動様式を具現化している。彼らの行動は、意識していないにしても、「市民自治」や「市民参加」を求める行動であり、それが「参加民主主義」を形成していくのだろうか。私の大学生活は、そんなことを思いめぐらせる日々となった。

大学四年生の時、卒業後の進路として、とりあえず大学院への進学を希望するようになった。自分の問題意識を、もう少し専門的に理論的に追及してみたいと思ったのだ。その後どのような職業に就こうとか、大学に残って研究者になろうとか、将来のことを具体的に考えていたわけではないが、とにかく自分の中にあるもやもやとした問題意識を掘り下げないと、次の一歩をどちらの方向に向かって踏み出すのか決められないような気がしていた。

5. 実践は理論のためにあるのではない、理論が実践のためにあるべきだ

当時、私が出会った、地域の問題解決に取り組もうとする人たちの中には、自治体議員に立候補したり、同じ思いをもつ仲間を自治体議員に送り出そうとする運動を行っている人たちもいた。生活や市民の率直な問題意識と政治がかけ離れていることに気づき、政治を生活に近づけるためには、議員は「政治家」という特別な人たちの仕事ではなく、問題に気がついて行動する市民が議員として議会に参加し、自治体政策を市民目線でチェックし転換することが必要だと考えた人たちである。どの政党にも属さずに「革新無所属」の議員として活動する人、生活クラブ生協を母体とした地域政党（ローカルパーティ）で、生活者の「代理人」として議員活動をする人たちなどである。こうした議員は圧倒的に女性が多かった。

「市民自治」や「市民参加」を主張する知識人や学者の多くもこの考え方を後押しし、生活に身近な政府である自治体の議会に、市民が参加してウォッチするなど、市民の政治への直接的な関与が不可欠だという論調が目立った。

他方で、地域で様々な行動を起こしている人たちと接すると、政治に直接的に関与していこうとする人たちもいれば、そのことは必要だと考えながらも、自身は政治には直結しない活動や事業を問題解決の手法として選ぶ人たちもいた。議会という場に問題を持ち込むことを「政治的解決志向」とすれば、自ら実践することで社会のしくみや人々の意識を変えようとする「実践的解決志向」とでも言えるだろうか。

例えば、リサイクルショップを立ち上げて運営することで、資源の廃棄を減らし循環型の社会をつくっていこ

うとする人たち、様々な社会問題を取り上げた映画や演劇を上映することで問題を多くの人たちに知らせようとする人たちは「実践的解決志向」と言える。

こうした人たちの活動は、そのままではまだ不十分で、政治的な行動に結びつくことが「主体的市民」と言えるのだろうか。私の感覚では否である。問題意識をもつ人たちの行動様式は多様であっていいのではないか。もちろん政治に無関心でいいということを言っているわけではない。政治に関心をもつかもたないかは別問題である。社会を変えていく手法として、「政治的解決手法」を選択する人と、「実践的解決手法」を選択する人がいてもいいのではないか。しかし、当時「実践的解決手法」は、「政治的解決手法」に向かう成長段階の一つのようにとらえられていた。市民自治は政治の場面でしか実現しないのか。私は、自分なりにその答えを探りたかった。

大学院への進学は、自分自身で納得できる理論を見出したり、研究することが目的であった。しかし、何のために研究するのかと言えば、私たち市民は何をめざし、どこに向かって行動するのか、そのビジョンを探りたいからだった。

学問や研究は、往々にして起こっていることを分析し、考察する。しかし、肝心なのはその先だ。学問や研究は、今、社会で起こっていることが、社会や歴史の中でどのような意味をもつのか、そして、それが今後どのような社会の構築につながる可能性があるのかを提示する役割があるのではないか。そこに寄与できる理論構築が必要なのではないか。実践者が研究者に期待するのは、自分たちの歩む道の先がどうなっているのか、その示唆を期待しているのではないか。

「実践は理論のためにあるのではない、理論が実践のためにあるべきだ」、というのが私の考えだ。だから大学院に残って研究を続けたのも、私が経験していることや身の周りで起こっていることが、どこにつながるのかを理論的に考えたかったからである。

6. 大学院生活とまちづくり情報センターかながわ勤務の両立

大学院の入学試験に通り、四月から大学院生活が決まったとき、私に一つの誘いがあった。新たに立ち上げる「まちづくり情報センターかながわ」（通称：アリスセンター）という組織の事務局で働かないかというものだった。私は大学卒業と同時に大学院に進んだわけではない。大学四年の秋に受けた大学院入試では一次の筆記試験で見事に落ちた。翌年再度受験するつもりで、とりあえず半年はアルバイトし、残りの半年で勉強しようと決めた。そんな時に、当時の日本社会党公認で参議院に神奈川選挙区から立候補する女性弁護士を、労働組合や市民活動関係者で応援することになった。社会党の選挙対策本部（選対）とは別に、市民選対をつくることになり、私は選挙前の三か月間、市民選対の事務局でアルバイトをさせてもらうことになった。アルバイトといっても、指示されたことをする事務作業などではなく、市民選対としての活動の企画や県内各地の市民活動と連携する役割を与えられた。私にとって選挙に関わるというのも初めての体験だったが、それ以上に、神奈川県内の市民運動や市民活動に携わる大勢の人たちとの出会いは新鮮であり、この社会にありとあらゆる問題が存在し、それに取り組む人たちの存在を知ることもできた。様々な問題に長年取り組んできた人たちや自治体議員などが、活動経験もほとんどない学生の私に真剣に語り、「あなた自身の思いをぶつけないと人は動かないよ」と厳しくも温かいエールを送ってくれた。

そうした経緯もあって、まちづくり情報センターかながわが立ち上がる時に、事務局のスタッフをやらないかと声をかけてもらったのだが、大学院があるのでフルタイムというわけにはいかない。週三日程度でもいいというので、大学院の授業を週二日に詰め込んで、残りの三日は実践に費やすという日々が始まった。

まちづくり情報センターかながわは、神奈川県内の様々な市民活動の情報交流の拠点となることをめざして、一九八八年に設立された。県内の市民活動団体のリーダー、学識者、自治体議員、生協関係者、労働組合関係者などが発起人となって立ち上げた組織である。

神奈川県は、都市化された地域にも里山などがまだ残っており、身近な自然保全を求める市民の活動も点在していた。また沖縄に続く日本で第二の基地県でもあり、基地周辺では平和運動団体も多数存在していた。障がい者差別、民族差別など、差別や偏見を解消していこうという運動もあった。生活者の視点で政治を変えていこうと、自治体議会に女性議員を送り出す動きも活発化していた。様々な分野で、地域に根ざした運動や活動が目立ってきた時期が一九八〇年代半ばだった。

ただ、当時は現在のようにインターネットなどない時代である。小さな市民団体が、自ら情報発信できるようなツールはない。また情報を得るのも、近隣や知人以外は、新聞やテレビといったマスメディアからの情報が主だった時代だ。同じような問題意識をもって活動している市民団体が近隣自治体に存在しても気がつかないということも多かった。

まちづくり情報センターかながわには、私も含めた二〇代の三名が事務局スタッフとして雇用された。民間で設立したばかりの団体に人を雇用するような資金はない。設立から何年かは、「生活クラブ生協」が資金的な支援をしてくれることになった。市民活動や市民運動といえば、無償のボランティアで行うことが当たり前と考えられていた時代に、有給スタッフがいる団体は珍しかった。むしろ、「そんな仕事で給料がもらえるのか」と奇異な目を向ける人たちもいた。市民活動団体でも、継続的に事業として専門に従事するスタッフが必要だという発起人や生活クラブ生協の先見性は、のちのNPOという組織の先駆けであったとも言える。

　私の大学院での学業は、まちづくり情報センターかながわの非常勤スタッフとしての勤務と同時に始まった。学業の傍らまちづくり情報センターかながわの仕事をしているのか、仕事の傍ら学業をしているのかわからない生活が始まった。しかし、幸運なことに、大学院で研究テーマとした市民活動や市民自治は、まさにその時実践していたことであった。

　大学時代の地域の人々との出会いも私に大きな刺激を与えてくれたが、まちづくり情報センターかながわでは、県内各地を訪ねまわり、さらに様々な活動に取り組む人たちと出会うことになった。

　こうした人たちに共通していたのは、「もの申すだけでなく、自ら実践している」ということだった。政治に直接関与しようとするかどうかにかかわらず、地域で新たなシステムを自らつくりあげようとしている。この動きは社会を変える大きな力になるのではないか、「市民自治」や「参加民主主義」を具現化することにでもなるのではないか。そんな手ごたえを実感する毎日だった。

　三年かけて大学院の修士課程を修了する頃には、博士課程に進むことは考えていなかった。そのまままちづくり情報センターかながわの常勤スタッフになることを選んだ。大学院の修士課程での研究は、私の実践を後押しするものであった。その延長線上に実践があるのは自然の流れのように感じていた。私の周りで起こっていることが何なのか、自分自身で確かめたかった。そして、社会を変革する動きになるかもしれない活動の真っただ中に、自らの身を置いてみたかったのである。

第1章　発展する市民活動の真っただ中で
――NPO・NPO法人が認知された一〇年間

1.　一九八〇年代後半の市民活動――異議申し立てから実践型提案へ

私がNPOの活動に関わり始めてから最初の一〇年間は、市民活動が異議申し立てから実践型提案へと変貌した一〇年間だった。そしてNPOというものの実態が姿を現した時期だった。そしてその時期を経て、一九九八年にNPO法（特定非営利活動促進法）が制定されることになる。

一九八八年五月、市民活動の情報交流や、市民活動に共感する市民・研究者・行政職員などの協力関係を構築することを目的として、「まちづくり情報センターかながわ」（通称：アリスセンター）が発足した。神奈川県内の市民活動に関わりの深い学者、議員、労働組合関係者、生協関係者などが発起人となって設立した市民活動団体だ。私はまちづくり情報センターかながわの発足と同時に事務局スタッフとして勤務することになった。大学生時代にまちづくり情報センターかながわを立ち上げようとしていた人たちと出会い、大学院への進学と同時に、事務局スタッフのアルバイトを始めたのだ。

そのころ市民活動団体と言えば、担い手はすべて無償、ボランティアが一般的だった。だから市民活動団体で給料をもらって働くということは珍しかった。しかし、発足したばかりの団体に人を雇用するほどのお金を自力で稼ぐ力はなく、「生活クラブ生活協同組合・神奈川」が、設立から数年以上、資金的な支援をしてくれた。そのおかげで、一人の常勤スタッフと二人のアルバイトスタッフを置くことができたのだ。

まちづくり情報センターかながわが発足した一九八八年当時は、市民が都市部のあちこちで、地域や社会の問題を取り上げて意思表示をする活動が増えつつあった。宅地開発の波に抗して、残された都市の貴重な自然を保全しようとする人たち、障がい者差別や民族差別に声を上げる当事者団体、日本の中で沖縄に次いで基地の多い神奈川県において、基地に反対し平和運動や非核自治体運動を推進する人たち。一九八六年に起こったチェルノブイリ原発事故は、環境問題、平和問題、食品の安全性の問題など様々な分野で活動する人たちを脱原発運動に巻き込んでいき、脱原発運動は大きなうねりとなった。

そのころの市民運動の多くは、社会や地域の問題を社会に問いかけ、国や自治体に改善を迫る異議申し立ての運動だった。だから反対運動のかたちをとっていた。しかし中には不登校（当時は「登校拒否」という言葉が使われていた）の子どもたちの居場所をつくる親たちの会、リサイクルを進めようとリサイクルショップをオープンさせる人たち、都市に残った里山や谷戸を保全しようと活動する市民ボランティアなど、問題に対する解決の手法を自分たちで実践するという活動も現れ始めていた。

2. 舞岡公園を育む会――市民活動の実践型提案の事例

神奈川県横浜市戸塚区内の、現在は「舞岡公園」として保全されている谷戸は、宅地開発と都市化が急激に進んでいた横浜において、昔ながらの田園風景を残していた地域である。一九八〇年代半ばに、市民が「まいおか水と緑の会」を立ち上げ、雑木林の間伐や下草刈りなどの作業を行うようになった。同時に、舞岡公園予定地となったこの谷戸を、どのような公園として保全していくべきか、市民参加の公園管理のあり方も含めて行政に提言も行っていった。一九九三年に、横浜市が整備して舞岡公園が開園すると、まいおか水と緑の会は「舞岡公園を育む会」として改組し、公園の管理運営を担うようになる。

日々の保全活動を行うとともに、多くのボランティアを受け入れ、担い手として育成するために、谷戸の保全の知識と技術（谷戸の生態系の知識やチェーンソーの扱い方など）の研修も実施した。現在はさらに「NPO法人舞岡・やとひと未来」に改称され、公園の指定管理者となっている。地域の市民ボランティアの参加と自治会関係者等の協力によって、地域の自然資源を保全するという、「市民参加の公園づくり」を実践的に提案した先駆的な事例である。

このように、一九九〇年前後は、抵抗型の市民運動が抵抗にとどまらない提案型・実践型の運動へと進化する過渡期であった。政府にこうしたらいいと提案するにとどまらず、市民が自分たちでやってみせることで課題を顕在化させ、かつ、その解決策の効果を実証する、「実践型提案」が波及する兆しを見せていた。解決策を実行する担い手が市民であることは、「市民自治」の新たな展開だった。

さらにこの実践は、事業化という形で活動の安定と継続を担保しようとする「市民事業」も誕生させることとなる。

様々な実践型の活動、事業型の活動は、広い意味では社会や地域の変革を求めた社会運動である。しかしそういう活動は、既存の社会運動、市民運動の概念では説明しきれない多様な様相をもっていた。異議申し立て型の運動に馴染んでいた人たちの中には、事業によってお金を稼ぐことに反発する人もいた。運動でお金を稼いだら、自由にものを言えなくなるではないか、運動を食い物にするのかというわけである。

そういう反発を浴びながらも、事業型の市民活動は人々の支持と共感を得て、徐々に広がっていった。それが一九九〇年前半である。市民の力によって社会の地殻変動が起こっていたのである。

3. ネットワーキング――市民活動のネットワークづくりに取り組む

さて神奈川県内でこうした多様な活動が起こっていた時期は、まちづくり情報センターかながわが発足した一九八〇年代後半から一九九〇年代前半である。この時期は、まだインターネットも携帯電話もない時代だった。連絡手段は、郵便、固定電話あるいはＦＡＸだった。だからマスメディアに取り上げられない限り、市民は自分たちの主張や活動を広く呼びかける手段をもたなかった。そして、自分たちと同じ考えで活動している人たちが近くにいても、気がつかないことが多かった。

当時、「ネットワーキング」という言葉が流行《はや》った。アメリカの社会学者リップナック（Jessica Lipnack）とスタンプス（Jeffrey Stamps）の著書『ネットワーキング』で提唱された概念である。この本の日本語訳は一九八四年に刊行された。「ネットワーキング」とは、ネットワークするという意味である。様々な分野で活動する人たちがつながりあうことで、活動を発展させ、社会を変えていこうという運動論である。支配的で官僚的な組織構造に対して、一人ひとりが対等な水平関係で、網目のようにつながり合うという新たな組織論であった。

ネットワークという言葉は、今ではごく日常的に使われるようになった。また、一九九〇年代になると、アメリカの政治学者ロバート・パットナムは、水平的な人間関係であるネットワークなどを「ソーシャル・キャピタル（Social capital）」という言葉で表し、ソーシャル・キャピタルと地域力や民主主義との関係を明らかにしようとした。「ソーシャル・キャピタル」も今日の社会を分析するキーワードとして使われている。

リップナックとスタンプスの『ネットワーキング』が日本で紹介された一九八〇年代半ばから、市民活動に携わる人々の間で、ネットワークすることの必要性を感じる人たちが増えてきていた。そして「ネットワーク」が合言葉になった。しかし、ネットワークを実現するには、情報の収集と発信に多大な労力が必要だ。そこでまちづくり情報センターかながわは、このネットワークの網目をつなぐ機能を果たすことにした。神奈川県内を歩き回って数々の市民活動の情報を収集し、電話やＦＡＸで連絡を取り合った。そして、情報紙という紙媒体の情報手段で、県内各地で起こっている市民活動の様相や問題提起を発信したり、フォーラムや交流会などを開催した。その情報紙が、月二回発行した『らびっと通信』である。ＳＮＳが発達した今日の社会では、月二回というのはいかにも悠長だが、当時は、一民間団体が月二回新しい情報を集めて編集し、印刷し、郵送で読者に届けるというのは目まぐるしい作業だった。

4. ＮＰＯの登場

さてまちづくり情報センターかながわで様々なスタイルで活動する多くの団体と接していた私が、ＮＰＯ（Nonprofit Organization の略語）という言葉と初めて遭遇したのは、一九九〇年代の半ばにさしかかった頃だった。ＮＰＯは民間非営利組織をさす。当時の私は、大学院を三年かけて修了し、そのまままちづくり情報センターかながわの常勤スタッフとなっていた。

ＮＰＯという言葉が登場した背景には、一九九〇年前後から増えてきた様々な市民活動や市民事業がある。分野も、環境、福祉、平和、人権などと多様だ。活動スタイルも、里山保全や不登校の子どもたちの居場所を運営するなど実践的に活動している団体、家事・介護サービスのように事業化して有償で地域に必要なサービスを生みだしている団体、映画上映や演劇鑑賞を通して社会問題を考えようとする団体、調査研究（例えば環境汚染に関する調査、原子力発電所の危険性や核兵器の日本への持ち込みに関する調査など）を行う専門家を有した団体、まちづくり情報センターかながわのように市民活動の情報発信や交流を行う団体（インターミディアリーとか中間支援組織という）など実に様々である。

これらの団体の共通点は、非営利であること、公益的な活動を行っていること、そして市民が立ち上げた民間の組織であることだ。それぞれの分野で問題解決をめざしながら、継続的に活動や事業を展開し、組織としても整備されつつあった。こうした団体を総称して、ＮＰＯという言葉が使われるようになったのである。

ＮＰＯという言葉の登場によって、分野や活動スタイルは様々でも、社会の様々な問題に取り組む民間非営利組織の仲間であるという共通点を自覚することができた。

5. 当事者性ということ――ＮＰＯ活動の原点にあるもの

「ＮＰＯに参加する人たちは、自分のためではなく他人のために尽くす奇特な人たち」というイメージをもつ人も多い。そして、「立派だけれど、自分にはとてもできない」と、ＮＰＯに参加することを躊躇する人もいる。でもこれは事実からかけ離れたイメージである。ＮＰＯに参加して活動している人たちは、他人のために尽くす奇特な人たちだなどと考えたら、ＮＰＯの本当の意味はわからなくなる。

ＮＰＯは、「不特定多数」が対象といっても、実際は、高齢者、子ども、女性、在住外国人などと、具体的な対象を明確にして活動している。それはＮＰＯの当事者性とも関係している。

ＮＰＯを立ち上げた人の中には、自分や家族や、近しい人たちが困難な事態に直面し、そのためやむにやまれず活動を始めたり参加した人が実に多い。例えば子どもが障がいをもっているとか、友人がＤＶに苦しんでいるとか、家族が難病と闘っているとか、そういう状況にある人たちが、切羽つまって活動に立ち上がるのである。そして自分のために始めたことが、同じ状況にある人たちへの支援にもなり、さらに多くの人が恩恵を被ることができる「公益」へと発展する。ＮＰＯがめざす「公益」は、自分を犠牲にしたうえでの他人の利益ではない。自分自身も含め、多くの人の利益を求めようとすることなのである。

障がい児の親たちが集まり、自分たちの子どもの将来の生活を支えようとして始めた活動が、地域作業所（福祉作業所ともいう）となり、今では障がい者福祉の主要な施策になっている。親を介護した経験をもつ女性たちが、高齢社会の中で自分や次の世代の将来に不安を感じ、老いても地域で安心して暮らし続けられるように介護サービスの事業を始めている。子育て中の親が、子育ての不安や孤立を解消するために親子で集える場所をつくり、子育てが一段落した後は子育て中の親を支える側に回ることで、利用者からボランティアへという循環ができている。いずれも障がい者、高齢者、子育て中の親子と対象を明確にしている活動だが、最初は自分自身が不安や困難な状況にある当事者であり、その状況を自分たちの力で何とかしようと活動を始めたのだ。

6. NPO法人在日外国人教育生活相談センター・信愛塾

「在日外国人教育生活相談センター・信愛塾」は、一九七八年秋、「在日大韓基督教会横浜教会」と「横浜の民族差別と闘う会」の支援のもとに、「在日韓国・朝鮮人の子ども会」として生まれた。子どもたちに、民族の誇りと自覚をもって自立してほしい、基礎学力をきちんと身につけてほしいという、アボジ・オモニたちの強い願いによるものだった。

その後、市内小・中学校で民族差別事件が続発した。それはこの小さな子ども会にとっても他人事ではなかった。在日外国人が在日外国人として生きる、この当たり前のことが阻まれてしまう日本社会の現実の中で、外国人に対する差別や偏見をなくしていくための様々な実践が続けられた。こうして信愛塾は在日外国人と日本人が出会い交流し、ともに支え合い、ともに生きる社会をめざす具体的な運動の場として成長してきた。

そして、二〇〇四年には、日本に居住する外国人の教育生活相談や学力・進路保障事業などを行いながら在日外国人との共生社会の実現に寄与することを目的としたNPO法人の設立に至った。

現在、「信愛塾」にはアジアの七か国につながる子どもたちが集い、「居場所」を利用した母語・日本語での学習支援や子ども会活動、そして在日外国人や保護者を対象にした教育・生活・人権などに関わる伴走型相談事業などを行っている。

7. 共感と当事者性

ＮＰＯが設立されるきっかけは、当事者が中心となって始まった活動であることが多い。そして、そこから当事者でなくとも共感する人たちが活動の輪に加わり、活動が広がっていく。

私は市民活動と出会った頃、「共感」ということがよくわからず、戸惑った経験がある。在日韓国・朝鮮人への差別や、障がい者差別と闘う集会に参加すると、差別を受けている当事者の思いに共感し、一緒に運動に参加してほしいという呼びかけがある。しかし、私は理解はできるが共感はできないと思った。なぜならば、私自身が差別を受けている当事者ではなく、当事者の苦しみや憤りを同じように感じることは不可能だと思ったからだ。それにもかかわらず「共感している」などと言うことは欺瞞でしかないとも思った。しかし、様々な差別の実情を聞くうちに、また、その現場を目の当たりにするうちに、当事者と同じ辛さや苦しみを経験したわけではないが、自分なりに、「この社会はどうなっているのか」「私はこんなことを許している社会に存在しているのか」という憤りを感じるようになった。そして、これが「共感」なのだろうと感じるようになった。問題を「他人事」ではなく「自分事」としてとらえることが、当事者であるなしにかかわらず、「当事者性」というものだと考えるようになった。活動の輪に加わった人は、そこから当事者の立場になると言ってもいい。その問題を自分や、自分が暮らす社会に関わる問題ととらえ、どう解決していったらいいのかを考えるようになる。こうして人々は「当事者」になるのだ。

8. NPOとは何か

ここであらためて「NPO」の意味を理解しておこう。

NPOとは「Nonprofit Organization」の略で、直訳すれば「非営利組織」であるが、その意味するところは「民間」の「非営利組織」ということである。

「民間」であるというのは、行政組織ではないということだ。これは説明しなくてもわかるだろう。次に「民間」の組織には営利組織と非営利組織がある。では「非営利」とはどういうことか。営利組織と非営利組織はどうちがうのか。この点が案外知られていないし、誤解もされる点である。

営利組織とはお金儲けを目的として設立されたということであり、組織の所有者がお金儲けを目的として所有しているということである。営利組織の代表は株式会社であり、その所有者は株主である。なぜ企業の株を買って株主になるかというと、株価の値上がりを期待したり配当を得るためである。これに対して非営利組織とは組織の設立や所有がお金儲けを目的としていないということである。

「非営利」という言葉から、「NPOの支援やサービスはすべて無料だ」とか「NPOがモノを売るときは実費以上の値段はつけてはいけない」などと考える人がいる。それは大きな誤りである。NPOは経済活動と無縁の存在ではないし、利益を出してはいけないわけでもない。むしろ利益を出すことで、本来目的とする活動を行うための資金を得ることはNPOの大事な経営手腕である。収入を得ることは、NPOの経営に欠かせぬ重要な要素である。

それなら営利組織と非営利組織はどこが違うのか。「非営利」の意味は「利益を得ることを目的とせず、得た利益を構成員に分配しないこと」である。だから非営利組織であるNPOは、利益を得ることが目的ではなく、それぞれ社会的課題の解決などをミッション（使命・目的）として活動し、得た利益も役員や会員（企業の株主にあたる）に分配することなく、ミッションを達成するための活動に充当する。企業なら利益を得ることを目的として事業活動を行い、得た利益は配当として株主に分配するが、NPOは利益が出ても会員には分配しない。この利益を分配するか、しないかが、営利と非営利の違いなのである。

ところで、「利益」というのは、「収入」から経費（支出）を引いて残ったもののことだ。例えば、介護サービスを実施するNPOがあるとして、介護報酬や利用者の自己負担料金として一年間に総額一億円の収入があったとする。他方で、介護職員などの人件費が六〇〇〇万円、介護サービスを実施するための施設や事務所の賃貸料金が一〇〇〇万円、その他、利用者の食材費や水道光熱費、消耗品費など諸々の費用が二〇〇〇万円と、経費（支出）の総額が九〇〇〇万円だったとする。この場合、年間の利益は、収入一億円－経費（支出）九〇〇〇万円で、一〇〇〇万円ということになる。NPOでは、この一〇〇〇万円は翌年度に繰り越して、活動の経費として使っていくことが一般的だ。NPOの場合、株主は存在しないし、役員や会員などの構成員にも利益が分配されることはないのである。

ここで勘違いされがちなのが、NPOで働いている人たちへの賃金の支払いが利益の分配にあたるのではないかということだ。働いている人たちへの賃金は、労働の対価であり利益の分配ではない。労働者の賃金は「経費」なのである。
だから理論的にはＮＰＯで働く人の給料が低くなければならないということもない。このことは医療法人や学校法人が民間非営利法人の一種だということを考えるとよくわかるだろう。これらの法人が民間非営利法人だからといって、そこで働く人たちの給料が低く設定されてしまうのであれば、医師や大学教員も薄給で働かなければならなくなってしまう。

9. 不特定多数のための公益的な活動ということの意味

ＮＰＯは非営利であるだけでなく、公益的な活動を行う組織である。非営利であっても、同窓会や同好会など、構成員の便益や親睦のための組織は共益的な組織とされ、公益的な組織とは区別される。そのため、ＮＰＯは構成員のためだけの活動ではなく、構成員以外にも広く貢献する組織ということになる。

「公益」とは、「不特定多数の利益」と説明される。この「利益」は金銭的利益ではなく、「貢献する」「役に立つ」という意味であり、「不特定多数」とは、対象を限定しないという意味である。特定の個人（一人であっても複数であっても）に対象が限定される場合が、「特定少数」であり「公益」から外れる。女性のための、子どものための、難病患者のための、というような活動は「不特定多数」のための公益的な活動である。

さて、一九九八年にＮＰＯ法が制定され、ＮＰＯ法人が設立されるようになるが、ＮＰＯ法制定以前の日本社会に、民間非営利組織というものが存在しなかったわけではない。公益法人（当時は社団法人・財団法人、現在は公益社団法人・公益財団法人）、社会福祉法人、学校法人、医療法人なども民間非営利組織であり、ＮＰＯという言葉が登場するずっと以前から存在していた。こうした従来の民間非営利組織も広い意味ではＮＰＯと言えるが、一般には、ＮＰＯと言えば市民団体のことをさしている。利益を追求する企業や、法律や制度に基づいて平等にサービスを提供する行政では対応が難しい課題や、社会的に認知されていない潜在的な課題に対して、ＮＰＯが行動を起こすことで課題解決を図り、社会改革につながることが期待されたのである。

なお日本社会では長らく、企業という「民間の営利組織」と、行政という「公的な非営利組織」の二つのセクターに大別されてきた。そして一九九〇年代後半になって、第三のセクターとして「民間非営利組織＝ＮＰＯ」の存在が認められるようになったのである。ちなみに日本では、第三セクターというと行政と企業が出資する企業、いわゆる「三セク」がイメージされがちだが、それは日本独自の意味であり、国際的には第三セクターはＮＰＯのことを表す。

10.　ＮＰＯを支える制度が必要だ──ＮＰＯ法の制定

組織を整え、事業を継続的に行う市民活動が増えてくると、社会的な信用を得るためや、組織として不動産などの財産を所有したり、他の組織との契約主体となるために、法人化の必要性が高まってきた。任意団体であると、商取引を行う面でいろいろと難しいことがあるからだ。そして、市民活動を行う組織が簡便に設立でき、行政の統制から自由であるような法人制度が必要だという声が上がるようになった。

ＮＰＯ法ができる以前は、非営利の組織の法人形態として一般的だったのは、公益法人（社団法人、財団法人）であった。というか日本の法人制度は、長い間、営利法人と非営利法人という分け方をしていなかった。営利法人と公益法人という分類をしていた。そして営利法人は届け出だけで設立できるが、公益法人は主務官庁（省庁や自治体など）の許可を得なければ設立できなかった。社団法人をつくるには、おおむね三〇〇〇人規模の社員（会員）が必要だと言われ、財団法人をつくるには、三億円程度の基金が必要だと言われていた。市民の組織が公益法人になるのは現実的ではなかったのだ。公益法人の設立には、主務官庁の許可が必要であり、設立後も主務官庁の監督のもとに置かれるなど、公益法人は行政の監督下に置かれた。何が「公益」かは行政が決めるものだ、民間が勝手に決めることはできないという考え方に基づいてのことだった（二〇〇八年の公益法人制度改革で、社団法人は公益社団法人と一般社団法人に、財団法人は公益財団法人と一般財団法人に区分され、一般社団法人と一般財団法人は簡単に設立できるようになった）。以上が、一九九八年にNPO法ができる以前の法人制度だった。だから非営利の活動を行っている団体の中で、よほど人数が多いか、財産があり、そのうえで主務官庁の許可がなければ法人になれなかったのである。そして法人でなければ、経済活動を行ううえでたいへん不利だった。

まちづくり情報センターかながわも法人格を必要とするようになっていた。

一九九〇年前後から神奈川県や横浜市は、それぞれの部署で市民の実践的な活動を支援する施策を検討するようになっていた。そのための調査も行われるようになった。例えば、横浜市では、里山保全や河川の保全などをボランティアで行う団体が増え、そうした団体がどのような支援を必要としているのかを調査し、一九九二年には「横浜市環境保全活動団体助成金制度」を創設した。

行政は施策を検討するための調査を行うにあたって、民間の調査機関（シンクタンクやコンサルタント会社）に委託することが多い。受託した調査機関から、県内の市民活動に詳しいまちづくり情報センターかながわに協力依頼が増え、市民活動団体を紹介するにとどまらず、調査をいっしょに担うことも少なくなった。自治体から直接調査等の依頼がもたらされるようにもなった。

しかし、行政は任意団体との委託契約を躊躇する。まちづくり情報センターかながわは、何でもいいから法人格をもとうと、一九九五年に通称の「アリスセンター」にちなんで、「有限会社アリス研究所」を併設した。有限会社だから営利法人である。営利法人は、役所の許可等の手続きは不要で、登記だけで設立できる。当時、株式会社の設立には一千万円の資本金が必要だったが、有限会社ならば資本金三〇〇万円あればよかった。そこで、まちづくり情報センターかながわの運営委員から三〇〇万円をかき集めた。これまで行ってきた市民活動の情報交流などの事業は、任意団体まちづくり情報センターかながわで行い、行政からの委託調査は有限会社アリス研究所で受けるという二枚看板にした（有限会社アリス研究所は、まちづくり情報センターかながわがNPO法人化した後に廃止した）。

ほかにも、「営利法人」を選択する市民団体はあった。川崎市で、環境に負荷を与えないために、界面活性剤を含む洗剤ではなく石けんの使用を勧めていた人たちは、使用済み食用油から石けんを製造する工場をつくることとし、一九九四年に「かわさき・石けん工場をつくる市民の会」を発足した。川崎市の協力も得て川崎市内に工場用地を確保し、一九八九年には「株式会社川崎市民石けんプラント」を立ち上げた。製造された石けんは市内の公共施設や小売店に納品する。しかし任意団体ではこうした商行為はなかなか難しい。現実的に選択できる「非営利法人制度」がなかったため、「営利法人制度」を選択してしのいだ。その後、二〇〇五年には「NPO法人川崎市民石けんプラント」を設立し、株式会社から事業を引き継いだ。

11. NPO法の成立

一九九五年、阪神・淡路大震災がおこり、被災地における市民活動団体やボランティアの活躍に社会的な注目が集まったことで、国会議員の間でも徐々に市民活動が法人化できる制度への関心が高まった。市民団体と国会議員が議論を重ね、一九九八年三月には議員立法として、NPO法人の設立・運営に関わる法律であるNPO法（正式名称は特定非営利活動促進法）が成立した。同年一二月に、NPO法が施行されると、NPO法人（正式名称は特定非営利活動法人）の設立が可能になったのである。

この時、NPO法制定の運動の中心となったのが、「シーズ＝市民活動を支える制度をつくる会」（一九九四年設立）だった。シーズの呼びかけで、まちづくり情報センターかながわは、神奈川県で国会に提出する市民団体の署名を集約したり、衆参議員会館に足を運んで、神奈川県選出議員に法制定の必要性を説明して回ったりした。

NPO法は、もともとは市民活動団体から「市民活動促進法案」という名前で提案されていた法律だが、国会議員との立法議論の過程で、「特定非営利活動促進法」という堅苦しい名称に変わった。「市民活動」という言葉が、異議申し立てを行う市民運動を連想させると言って、難色を示す国会議員もいたのだということを聞いた。

NPO法制定以降、NPO＝NPO法人だと思われがちだが、NPOというのは民間の公益活動を行う非営利組織であり、法人格をもたない市民活動団体（いわゆる任意団体）もNPOに含まれる。

NPO法の正式名称である特定非営利活動促進法の「特定」とは何か。NPO法では、NPO法人になる要件の一つとして「特定非営利活動の分野」というのが定められている。法制定当初は一二分野だったが、その後の改正を経て、現在では二〇分野となっている。これら「特定」の分野のどれか（複数分野でも可）の活動をしていることがNPO法人の要件となっている。

NPO法では、三人の理事と一〇人の社員（会員）がいればNPO法人を設立することができる。財産の有無は問わない。様々な細かい要件はあるものも、基本的に、志のある一〇人以上の仲間が集まり、「特定非営利活動の分野」に該当する活動を行うのであれば、NPO法人を設立できる。設立総会を経て、所轄庁（法制定当時は都道府県と内閣府、現在は都道府県と政令市）に申請すれば、四か月以内に「認証」を得られる。その後、法務局で法人登記を行えば法人設立となる。「認証」は、当時の公益法人の「許可」と違って、行政が自由な裁量権をもたない。NPO法施行から二〇年以上経ち、全国で五万を超えるNPO法人が存在している。この間に、設立されたがすでに解散した法人も約一万八〇〇〇法人ある（二〇二〇年一月末現在）。

NPO法が制定される過程で市民団体が求めていたのは、市民活動が法人化できる制度だけではなかった。その法人に対する税制優遇の制度も同時に求めてきた。当時の公益法人（社団法人、財団法人）、社会福祉法人等の公益的な非営利法人は、営利法人に比べて税制面で優遇されていた。法人格取得と同時に、税制面での優遇も求めていたのだった。

しかし一九九八年に成立したNPO法では、NPO法人に対する税制優遇措置はなく、収益事業を行わなければ課税の対象とはならないが、収益事業を行えば企業と同じ税金が課されることになっていた。また、NPO法人に寄付しても、寄付金控除は適用されなかった。対価を得ることが期待できなくても社会的に必要な事業や、支援を必要としている人たちが存在する事業をNPOは行う。その事業にかかる経費は、寄付や助成金などで賄うこととなる。特に寄付は、市民の誰もがNPOの活動に参加できる方法でもあり、寄付金控除は、NPOが多くの市民に支えられて存在するためには不可欠な社会システムである。

その後、二〇〇一年に、一定の要件を満たしたNPO法人が国税庁に申請すれば認定NPO法人として税制優遇を受けられる認定NPO法人制度が実現したが、認定NPO法人の要件があまりに厳しかったために、シーズや全国のNPO支援組織が運動を続け、二〇一一年には、認定NPO法人の要件の大幅な緩和などを盛り込んだNPO法の改正が実現した。ここにきてようやく、NPO法人から認定NPO法人をめざす団体も増えてきたのである。

【参考】　NPO法で定める「特定非営利活動」の分野（二〇一一年法改正以降）

1　保健、医療または福祉の増進を図る活動
2　社会教育の推進を図る活動
3　まちづくりの推進を図る活動
4　観光の振興を図る活動
5　農村漁村または中山間地域の振興を図る活動
6　学術、文化、芸術またはスポーツの振興を図る活動
7　環境の保全を図る活動
8　災害救援活動
9　地域安全活動
10　人権の擁護または平和の推進を図る活動

11　国際協力の活動
12　男女共同参画社会の形成の促進を図る活動
13　子どもの健全育成を図る活動
14　情報化社会の発展を図る活動
15　科学技術の振興を図る活動
16　経済活動の活性化を図る活動
17　職業能力の開発または雇用機会の拡充を支援する活動
18　消費者の保護を図る活動
19　前各号に掲げる活動を行う団体の運営または活動に関する連絡、助言または援助の活動
20　前各号に掲げる活動に準ずる活動として都道府県または指定都市の条例で定める活動

第2章　市民自治とＮＰＯ
——ＮＰＯを通して描いた市民社会

1.　市民運動と市民活動

この章では、市民運動や市民活動とＮＰＯの位置づけを、市民自治や市民参加の観点から考えてみたい。

一九七〇年代は地域や生活と連動した市民運動が登場してきた時期だった。公害反対運動や消費者運動、平和運動などである。平和運動と言えば、原水禁運動やベ平連（ベトナムに平和を！市民連合）の運動のように一九五〇年代～六〇年代に始まった運動もあるが、基地の存在する地域での反基地運動や、非核自治体運動（自治体に非核自治体宣言を求める運動）といった地域に根づいた運動が見られるようになるのは、主に一九七〇年代以降だった。

そして、一九八〇年代になると、市民運動や市民活動は、公害や平和といった分野にとどまらず、環境保全、福祉、人権、教育など様々な分野で取り組まれるようになる。

「市民運動」と「市民活動」と二つの言葉を用いたのは、どちらも社会的な問題解決のために市民が行動するという点では共通しているが、「市民運動」が、国や自治体政府に対して政策の策定や見直しを求めて、請願や陳情、デモ、集会などを行うというイメージであるのに対して、「市民活動」は、問題の存在を広く人々に知ってもらう活動、市民ができる問題解決の方法を実践するものなど、様々な問題解決の手法を用いて行動する活動を広くとらえたイメージである。運動が政府、政党、議員といった政治的なアクターに直接関与する行動であるのに対して、「市民活動」は直接政治に関与するか否かに関わらない活動でもある。

社会の問題解決のためには、政府の政策転換を求める運動の要素と、多くの人に問題を認識してもらい、問題解決のための実践に参画してもらうという活動の要素の両面が必要となる。

一九八〇年代から各地で見られるようになった市民活動は、取り組む課題や分野は様々であったが、共通していたのは、社会や地域で起こっている問題を認識し、その問題を解決するために活動しているという意思をもっていたことである。地域に残された貴重な自然である里山を開発されないように保全したいという問題意識から、市民で里山の手入れを行う活動を行うといった具合である。一九九〇年代になると、介護サービスのように市民活動というより市民事業として立ち上がる活動もあったが、そこにもまた明確な問題意識があった。高齢化社会を目前にして、年老いても地域で安心して暮らしていくことができるようにするためには行政に任せているだけではなく、市民で助け合いのシステムをつくる必要があるという問題意識であり、そのために介護サービス事業を立ち上げていった。

2. 政治参加に限定しない多様な自治の形

一九八〇年代の市民活動を支えた理論に、松下圭一氏の「市民自治」と、篠原一氏の「ライブリー・ポリティクス」があった。

松下圭一氏は、すでに一九七五年に『市民自治の憲法理論』（岩波新書）を著し、官治から市民の自治による政治の必要性を説いていたが、一九八〇年代の市民活動はこの「市民自治」を体現する市民の主体的な行動として期待された。

また、一九八五年には、篠原一氏が編著『ライブリー・ポリティクス――生活主体の新しい政治スタイルを求めて』（総合労働研究所）で、ライブリー・ポリティクスという生活や生（命や人権）に価値を置いた政治を提唱し、市民活動に携わる人たちの理念を後押しした。

ただ、松下圭一氏の「市民自治」も、篠原一氏の「ライブリー・ポリティクス」も、社会や地域の様々な課題を解決しようと行動する市民活動の延長線上に、市民の政治参加を期待していたと考えられる。ここで言う政治参加とは、特別な人ではない生活者の視点をもった人を議員に送ること、請願等の市民の権利を行使して議員任せにしないこと、議会の動きをウォッチし市民の生活目線での政策を実現させることなど、直接的な政治参加である。

問題に気がつき行動を始めた人たちが主体的に政治に参加することで、「市民自治」や「ライブリー・ポリティクス」が実現していくのであり、政治参加に到達しない市民活動は、発展途上であると考えられていたようだった。

直接的な政治参加を志向しない活動は、市民活動として発展途上であり未成熟なのか。

戦後の安保闘争や一九七〇年代の市民運動、そして革新自治体の躍進を目の当たりにしてきた世代にとっては、市民が政治、特に自治体の政策決定に政治的な行動を起こして参画するということが「市民自治」であり、主体的な市民像としては不可欠な要素だったのかもしれない。

しかし、社会に関心をもったまさにその時に様々な市民活動を目の当たりにした私にとっては、政治参加に向かうか否かという価値尺度には疑問があった。

政治に無関心であってもかまわない、ということを言っているのではない。政治手法以外にも社会を変革していく多様な手法があってもいいのではないか。そもそも政治は、社会を運営していく手法である。民主的に社会を運営していく手法、あるいは、民主的な合意形成の手法が民主主義であるならば、政治の民主性にとどまらず、社会システムを民主的に運営していく多様な手法が存在する社会が、広い意味での民主主義ではないか。「市民自治」もまた、政治参加にとどまらない社会を市民が主体的に運営していく多様な活動を含めた概念としてとらえていいのではないか。様々な市民活動とその手法の多様さを目の当たりにしながら、そんなことを考えていた。

社会システムを自らつくり上げようとしたり、運営していくと、政治と接点をもつこともある。その時に、団体として政治的なスタンスを決めてもいい。団体に所属する一人ひとりが政治的に行動してもいい。必要な時に政治的な行動に移す問題意識や政策的志向は活動の中でおのずと養われていくのだろうとも考えた。

3. 参加民主主義を体現する市民活動

普通の市民が社会や地域の問題に気づき、行動し、アクションを起こしていくというプロセスは、「参加民主主義」という概念とも重なる。選挙で選ばれた議員によって政策が決定されていく代議制民主主義だけでは、多様な市民のニーズや複雑化する社会の課題を解決することはできない。市民が直接政策決定過程に参加することで、多様な政策課題に解決策を見出していくことも可能になる。

市民活動が活発化することで、自治体の政策立案過程に市民が参加する機会も増えてきた。地域や市民生活に身近な課題、例えば公園づくり、身近な自然環境保全、バリアフリーのまちづくりなどに対して、地域で活動する団体や当事者からヒアリングしたり、意見を聞く場やワークショップを開催したり、これまで学識者主体だった委員会の委員に市民活動のメンバーや当事者が参加するということも増えてきた。自治体の政策立案過程での市民参加を早期に試みたのは、革新自治体の先駆者である横浜市の飛鳥田一雄市長（一九六三年～一九七八年在任）の「一万人集会」の構想だ。実現には至らなかったが、市民の意見を直接聞こうとする試みは当時としては画期的だった。

こうした政策立案過程への市民参加の制度化も参加民主主義を具現化する一つの手法ではあるが、参加民主主義という概念は、さらに広い概念である。

一九七〇年代に、民主主義の発展形態として「参加民主主義」を提唱したC・B・マクファーソンは、資本主義が環境破壊や企業活動が優先されるといった、人々の生活の質を代償として成り立っていることに対して、市民がその自覚をもち行動すること、人間の潜在的諸力を発展させることを、参加民主主義の価値的側面として重視した。マクファーソンの唱えた参加民主主義は、市民参加などのシステムよりも、むしろ市民運動などの市民のアクションを重要な要素と考えている。そこには、市民の主体性が不可欠となる。

同時期、C・ペイトマンは、参加民主主義を、狭義の政治の場にとどまらない概念だと考える。職場や地域、学校、家庭など社会のあらゆる場における参加が図られるべきだという考えである。

参加民主主義は、社会全体のシステムでもあり、市民の意識や行動様式でもある。そして、一人ひとりが自分のもつ力を発揮できる社会をめざすものでもある。「自分のもつ力を発揮する」ということは、一九六〇年代には心理学者アブラハム・マズローが「自己実現」という言葉を用い、一九九〇年代には経済学者アマルティ・センが「ケイパビリティ」（潜在能力）という言葉を用いているが、こうした言葉と重ねることもできる。一人ひとりがもつ個性や意志を社会の中で養い、発揮できる条件と機会の平等が必要なのである。「参加」はその機会の重要な要素であり、そうした参加の機会が妨げられない社会が、参加民主主義という理念で求められていたのである。

当時の市民活動やNPOを考えてみると、政府の政策決定過程にとどまらず、市民が社会システムの変革や運営に主体的に関わり、社会的なシステムを創造していこうとする動きであり、まさに参加民主主義をめざした動きでもあると思われた。

4. 自治の要は立案と合意形成

私自身、多様な市民活動と関わり、国政や自治体議会に議員を送り出す活動にも関わった。行政が用意する市民参加の場に参加したり、行政と協力し合って市民参加の場の運営を担うこともあった。その中で徐々に感じるようになったのは、物事を決めていく中で、立案者が誰かということが重要なのではないかということだ。

自治体議会は、自治体の最高意思決定機関であるが、審議資料を用意するのは行政だ。条例もほとんどが議員提案ではなく首長提案であり実質的には担当部局が作成したものだ。議員はそれをもとに議論して、賛成したり、反対したり、修正を加えたりする。もちろん、議員には議会での審議以外にも首長部局である行政へのチェック機能が求められるが、物事を決めていく実質的な主導権がどこにあるのかを考えれば、それは立案機能をもつ行政である。

市民参加もまた同様である。市民の意見を聞く場も、委員会も、議題や素案は行政が作成する。参加した市民は、その案に対して意見を言う。行政に政策立案機能があることを否定するわけではないし、そのプロセスで市民の意見を聞くことは重要である。市民の意見を聞いてまとめるのは行政である。参加した市民が納得するようなとりまとめができれば、それは市民合意でもあろう。しかし、政策立案機能や合意形成のとりまとめを行政にだけ委ねていたら、本当の意味での「市民自治」は実現しないのではないか。市民の側でも政策立案機能や合意形成機能をもつ必要があるのではないか。

と言っても、具体的にはどうするのか。市民から広く提案を募る「市長への手紙」という手法があるが、これはあくまでも広聴である。たまに市民からのアイディアを採用することがないとは言えないが、採用するかどうかを決めるのは行政である。政策立案機能や合意形成機能はもたない。

組織化され、役割も明確な行政組織に対して、「市民」という抽象的な概念の存在がどのようにすれば、自治の要とも言える政策立案機能や合意形成機能を担うことができるのだろうか。それが現実的に無理ならば、「自治」は限定的にしか実現しないのではないかと思われた。そしてこの問題を解く一つの鍵が、NPOにあるのではないかと考えた。

5. 市民自治のツールとしてのNPO

一九九〇年代に入り、市民活動は少しずつ変化を見せた。一言で言えば事業化と組織化である。自分たちで社会や地域の課題解決のためのシステムづくりやサービス提供などの実践活動を始めた市民活動団体は、活動の継続性や専門性を模索するようになる。高齢者の介護サービスを始めた団体は、利用者となった高齢者に継続的に介護サービスを提供できるように、また、人の命を預かる介護は、安心して暮らし続けてほしいという気持ちだけでなく、介護のスキルや知識も必要となる。一九八〇年代後半に、不登校の子どもたちの親が集まって、居場所づくりの活動が何か所もできたが、自分たちの子どもが成長すると活動を終えることも多かった。その中で、自分たちの子どもに限らず広く不登校の子どもたちの居場所として展開するようになった団体や、不登校で苦しみ、学校からも世間からも追いつめられることへの理不尽さや、学校以外に子どもたちの居場所が社会に用意されるべきだと考える団体の居場所づくりは続いていった。

市民活動団体は、継続的に活動していくことができるように、活動というより事業として寄付や会費、利用料などをもとに財政基盤も整え、責任ある組織体制を整えるようになる。こうした団体が、NPOとして認知されていき、一九九八年に制定されたNPO法によってNPO法人格を取得するようになった。NPOは、社会や地域の問題に対して、市民が自分たちで解決するためのシステムや事業を行うツールだったのである。

NPOが社会に認知されていくこと、NPO法人格を取得して組織的にも確立させて社会的信用も得ていくこと、そして、様々な分野で様々な事業を行う、つまり、様々な手法で問題解決を担うNPOが増えることは、市民自治のツールが確立されていく過程だとも言えよう。

市民は、自分の問題意識や関心にそって、NPOを立ち上げたり、参加したりする。直接的な政治参加ではなくても、多様な手法で社会の問題を解決するためのシステムを立ち上げ、運営する。それぞれのNPOには、その問題意識に共感し、自分たちで課題解決の行動を起こそうとする人たちが集っている。活動を継続するためには、さらに賛同者や支援者を増やしていくことが必要になる。そこに一つのコミュニティができる。関心や問題意識を共有するテーマコミュニティである。どのようなシステムにするか、どのように運営していくか、議論を重ね、合意形成していく。それが政府の政策として取り入れられることもある。必要に応じて、NPOは政策提案を行ったり、行政や議員とやりとりもする。

このようにNPOが多様に存在し、多様な社会に必要なシステムやサービスが生まれてくる。人々が潜在的にいたシステムやサービスであれば、利用者、賛同者も増える。

逆にそれに賛同しない人たちもいる。不登校の子どもたちの居場所をつくろうとすれば、「不登校の子どもたちは学校に戻すようにするべきではないか。居場所などつくれば学校に戻らなくてもいいということにもなるのではないか」と考える人たちの反対にあうこともある。社会の価値観や固定観念の壁である。不登校の子どもたちの居場所を運営するNPOは、子どもたちに居場所を提供するだけでなく、社会の価値観を変えていくための活動も同時に展開する必要があった。どのような状態にある子どもたちも尊重される、それが子どもの人権を保障することだという社会の合意を生みだし、空間的な「居場所」にとどまらず、社会全体を子どもたちの「居場所」にする必要があった。

地域で何かを始めようとすればもっとこまごまとした合意形成も必要になる。子育て支援のNPOで、地域に子どもたちの遊び場をつくろうとすれば、近隣住民の理解も必要になる。「子どもが元気に遊べることには賛成だが、毎日大きな声に悩まされることにならないか」「防犯上のことも考えてつくってほしい」など様々な住民の意見がある。近隣住民との話し合いを重ねて、合意づくりを行っていかなければならない。この合意づくりはたいへんで煩雑な作業ではあるが、実はとても実り多い大事なプロセスである。話し合いを重ね理解を得たり合意し合えた住民たちの多くが、新しくつくり上げたものの協力者や支援者となる。自分たちもいっしょになってつくったと自覚する当事者になるからである。合意形成のプロセスというのは、当事者を増やすプロセスでもあるのだ。

NPOを通して、様々な問題や関心に応じて、市民が自主的に集い、合意形成を行いながら社会システムを多元的に形成していくことが、多様な課題やニーズが存在する現代社会における「市民自治」の一つの形でもあろう。

そして何より、NPOが行うシステムやサービスは、立案するのはNPOに集った市民である。市民は誰かが用意した案に意見を言う存在ではなく、自分たちで立案し、合意形成し、当事者を増やしながら実行する主体となるのである。

私がＮＰＯに期待したのは、まさにこの「市民自治」を具現化するツールだった。

6. ＮＰＯというテーマコミュニティ

市民はＮＰＯを立ち上げることや、ＮＰＯに参加することで、地域で、それぞれの分野で自治の主体となる。市民に身近な存在である基礎自治体であっても、多様な政策課題に対してすべての市民が政策形成過程に参加するということは、現実的に無理である。都市部の自治体であれば人口規模も大きく、市民のライフスタイルも多様であり、なおさらである。

自治会・町内会といった地域組織は、地域を住民自らが運営する組織として期待されてきたが、近隣のつながりも希薄になっている現代社会で、同じ地域に住んでいるということだけで自治の主体となる組織ができるというのは幻想である。自治会・町内会の役割も重要ではあるが、自治会・町内会が住民自治のすべてを担うというのは無理がある。近隣のつながりは希薄でもいいというつもりはないが、近隣に住んでいるということ以外にも人と人のつながりを築いていくコミュニティが重層的に存在することが今日の社会のコミュニティ像である。

その一つが、ＮＰＯというコミュニティである。ＮＰＯは、共通のテーマへの関心や、共通の問題意識をもち、ともに活動する集団である。いわば、テーマごとに集うテーマコミュニティである。二つのＮＰＯに参加している人は二つのコミュニティの構成員であるということもできる。そしてＮＰＯは構成員で運営される組織であり、ＮＰＯというテーマコミュニティは自治型のコミュニティであるとも言える。自治型のコミュニティが多層に存在し、相互にゆるやかな共感を紡ぎだすような社会が、現代社会における自治のモデルになるのではないか。

ＮＰＯが登場したての頃は、自治体・町内会とＮＰＯは何かと反目し合うことも多かった。ＮＰＯを「好きなことだけやっている団体」と考える自治会・町内会関係者もいたし、自治会・町内会を「実質的には機能していないコミュニティ」と考えるＮＰＯ関係者もいた。しかし、ＮＰＯが地域で活動を広げ、社会のＮＰＯへの理解が進んでくると、自治会・町内会という従来型の地域コミュニティとＮＰＯという新しいテーマコミュニティが連携することで、片方だけではできないことができるという認識も生まれ、双方の連携も少しずつ見られるようになってきている。高齢者や子育て支援など経験や専門的な知識をもっているのはＮＰＯである。機動力もある。一方、ＮＰＯが存在していても地域住民全体にＮＰＯの存在を知らせたり、ＮＰＯの支援を必要とする人たちをＮＰＯにつなげることができるのは自治会・町内会だったりする。お互いの特性を生かして連携することで、それぞれの存在価値も高まるのである。

様々なコミュニティで自治が行われ、相互に連携することで、自治型の社会が実現するのである。

第3章　中間支援組織の役割を問う
──中間支援組織によるＮＰＯの社会変革支援

1.　高まる中間支援組織への注目

私が事務局スタッフとして働いていたまちづくり情報センターかながわ（通称：アリスセンター）は、市民活動に関する情報発信や団体間の交流などを行いながら、一九九〇年代になると、ＮＰＯ法（特定非営利活動促進法）を実現させるための運動にも参加し、その経過を神奈川県内の市民活動団体に対して情報提供してきた。

ＮＰＯ法が制定され、ＮＰＯ法人の設立が可能になったのは一九九八年だが、その少し前から、まちづくり情報センターかながわにはＮＰＯやＮＰＯ法についての問い合わせが数多く寄せられるようになった。ＮＰＯについての学習会も各地で開催されるようになり、まちづくり情報センターかながわへの講師の依頼も増えた。まちづくり情報センターかながわが発足後一〇年間かけて築いてきた県内のたくさんの市民活動団体との関係の中で、「ＮＰＯやＮＰＯ法のことはまちづくり情報センターかながわに聞けばわかるだろう」と思われるようになった。まちづくり情報センターかながわも、ＮＰＯという言葉が普及するのに乗じて、今こそ、市民活動団体が市民権を得るチャンスとばかりに、NPOやNPO法制定に向けての情報発信にさらに力を入れた。

全国各地でも、一九九〇年代半ばから、都市部を中心にNPOを支援するNPOが設立されるようになった。仙台では「せんだい・みやぎNPOセンター」（一九九七年設立）、神戸では「市民活動センター・神戸」（一九九五年に「震災・活動記録室」として発足、一九九九年に「市民活動センター・神戸」に改称）などである。また、一九九六年には全国組織として日本NPOセンターが設立された。こうしたNPOを支援するNPOは、NPOの支援やNPO法制定に向けての運動を展開するようになった。

自治体行政も、NPO法の制定を視野に入れ、NPOや市民活動支援の施策の検討に入る自治体が急増した。そして、自治体による市民活動支援策の柱として市民活動支援施設の開設が相次いだ。神奈川では、かながわ県民活動サポートセンターが阪神・淡路大震災後の一九九六年に開設され、横浜市も二〇〇〇年に横浜市市民活動支援センターを開設した。

こうした市民活動やNPOを支援する組織は「中間支援組織」と呼ばれるようになった。ここにきて、まちづくり情報センターかながわは中間支援組織として注目されるようになる。まちづくり情報センターかながわはNPO支援という明確な目的をもって設立されたわけではない。そもそもまちづくり情報センターかながわが設立された当時、NPOという言葉はまだなかった。市民の活動の情報発信や交流によって市民の活動を発展させ市民による自治型の社会をめざし、その延長線上の活動としてNPOへの支援やNPO法の制定に向けた運動にも積極的に参加したのだが、それが結果的に中間支援組織の先駆けという評価を得たのである。

中間支援組織とはインターミディアリー（intermediary）の訳語であるが、様々な資源を仲介し、非営利組織を支援する組織を表す。資金を仲介する助成財団などもインターミディアリーだろうが、中間支援組織という言葉はもっぱら、NPOを支援する組織やセンターの総称として用いられた。

ただ、私自身は、NPOを支援するNPOを中間支援組織と呼ぶことに何となく違和感があった。まだ「NPO支援組織」と呼ぶほうがしっくりきた。「中間」というのが立場を明確にしない曖昧な存在のように思われたからだ。それではまるで、イソップ寓話の「卑怯なコウモリ」のような存在で、結局どこからも信頼されないのではないかとも思った。NPOを支援するためには、他のセクター（行政や企業）との資源仲介も不可欠だが、それは、NPOセクターにしっかりと根を下ろし、NPOの立場を堅持しながらやるべきことではないかと感じたからだった。

2. 中間支援組織の多様化と役割の変化

NPOが認知されてくるに従い、中間支援組織と呼ばれる組織も増えていった。NPOを支援するNPOが各地で設立されたこともあるが、それ以上に、自治体が市民活動やNPOの支援施策の一環として、市民活動支援センターなどの施設を次々と設置したからだ。この施設の運営を行政が行う場合もあれば、NPOに委託する場合もあった。行政が運営する市民活動支援施設を「公設公営」の中間支援組織、行政が設置しNPOに委託する施設を「公設民営」の中間支援組織と呼ぶようになった。私が所属していたNPO法人まちづくり情報センターかながわのようにNPOとして独自に市民活動やNPOを支援する組織は「民設民営」の中間支援組織と区分された。

中間支援組織を「公設公営」「公設民営」「民設民営」と分けるのも考えてみればおかしなことである。施設と組織を混同している。行政が直接運営している施設は「公設公営」の施設ではあるが、中間支援「組織」ではない。「公設民営」も、施設が「公設民営」なのであり、中間支援「組織」であるのはその施設を運営しているＮＰＯだろう。

いずれにしても、行政が設置した市民活動支援施設の管理運営業務が、多くの中間支援組織の事業の中心を占めるようになってきた。こうした施設の管理運営を行政から受託するために設立されたＮＰＯも少なくなかった。市民活動支援施設の管理運営を受託するということは施設管理のみを行うのではなく、その施設における市民活動やＮＰＯに関わる相談業務や支援業務も行うのだが、行政事業として実施できる枠内での事業に限定せざるをえない。ボランティアとして活動する市民の掘り起こしや、ボランティアとして参加したい人と団体とのマッチングなど、ＮＰＯの担い手の裾野を広げるという機能は、行政が関与することでより効果的に果たしてきたと思われる。

他方で、行政の委託事業としての市民活動・ＮＰＯ支援では、ＮＰＯの政策提案、特に政治的に争点となるような取り組みを支援することは難しい。民設民営の中間支援組織であれば、政治的な争点に関わる問題に取り組むＮＰＯ、例えば原発のない社会をめざすＮＰＯや自然保全のために開発計画に反対するＮＰＯなどにも、組織として賛同して行動をともにすることもできる。ＮＰＯが新たな法律や条例の制定などをめざす場合、民設民営の中間支援組織であれば、ともに国会や自治体議会に働きかけるような活動もできる。しかし、公設公営や公設民営の市民活動支援施設の事業の一環としてはそこまでは踏み込めない。政治的な争点に対して中立であること、そして設置した自治体の政策から逸脱しないことが求められる。しかし、公設だからこそ、本来ならば、ＮＰＯの政策提案を当該自治体の政策につなげる役割をもつべきであろう。現場の実情を把握し、市民の声を日々受け止めているNPOの提案を、行政の担当部署につなぐような役割を果たせるのも公設ならではの役割ではなかったか。しかし、自治体は市民活動支援施設にその役割を持たせようとしなかったし、公設民営の場合、受託しているNPOもそこまでの役割を果たそうとすることはあまりなかった。結果として、公設公営や公設民営の市民活動支援施設が、NPO支援として行っていることは、会議等の場の提供以外は、一般市民に対するNPOの活動の紹介、NPO法人格取得の支援、NPOの運営支援が中心となった。

私自身の経験では、二〇〇六年に一八年勤めたまちづくり情報センターかながわを退職し、横浜市市民活動支援センターのスタッフになった。横浜市市民活動支援センターは横浜市が設置し、横浜市市民活動支援センター運営委員会という市民の組織が受託運営する、いわゆる公設民営の施設だった。横浜市市民活動支援センターに在職したのは三年ほどだったが、完全な民間の組織で活動するのに比べて、事業を計画したり、進めるにあたっては、委託している横浜市の担当部署との調整が必要となるなど制約もあった。それでもNPOの相談を受けて担当する行政部署とつなぐということも可能だったし、当時横浜市で構想中だった市内の各区ごとの市民活動支援センターのあり方について市内の市民活動団体やNPOに呼びかけて議論する場などを設けることもできた。公設公営や公設民営の立場の市民活動支援組織や施設において、その立場の強みを生かしてできることはもっとあるのではないかと思われた。

他方で、行政の制約を受けない民設民営の中間支援組織が増えることは、NPOの発展に不可欠だと思われたが、それが難しかった。行政の資金で運営されている公設公営や公設民営の市民活動支援施設が増える中で、会費や寄付、有料の講座等の自主事業収入で運営する民設民営の中間支援組織は財政的に厳しい状況に追い込まれていく。まちづくり情報センターかながわもまたその例にもれなかった。まちづくり情報センターかながわは今、有給スタッフを雇わず、私も含めてボランティアの理事が中心になって、情報発信を中心に活動している。

現在の中間支援組織は、NPOを市民に身近な組織として社会に定着させる役割は果たしているが、中間支援組織が登場してきた当初に期待されたような、NPOを通してどのような社会をめざすのかという議論を喚起することや、NPOによる社会変革を支援する役割を果たすことは、ごく一部の中間支援組織を除いて難しい状況である。

3. NPO法人の増加と多様化

中間支援組織の役割の変化は、自治体の市民活動支援施設が増えたことにもよるが、支援する相手であるNPOの増加と多様化による支援ニーズの変化も背景にある。

一九九五年の阪神・淡路大震災後、マスコミがボランティアやNPOを取り上げることも増え、NPO法制定も現実味を帯びてくる中で、NPOへの社会的関心は高まっていった。といっても、一般の人たちの多くには、まだ馴染みのない言葉であることに変わりはなかったが、市民活動に携わっていた人や行政の関心は高まった。活動している人たちの間では、「私たちの団体って、もしかしてNPO?」から始まり、NPO法が制定されると「私たちの団体もNPO法人化したほうがいいのだろうか」「NPO法人化するとどんなメリットがあるのだろう」と思いをめぐらすことになる。

NPO法が施行されると、市民活動団体の中で、継続的に活動や事業を展開している団体がNPO法人化するようになったが、法施行直後、爆発的にNPO法人が増えるということでもなかった。

他の非営利法人に比べて簡単な手続きで法人化できると言っても、法人化するには、定款や事業計画書、予算書（法制定時は「収支予算書」、二〇一一年の法改正で「活動予算書」）などの書類も必要であったし、設立総会も必要だ。所轄庁（当初は都道府県と内閣府、のちに都道府県と政令市）に書類を提出し認証されなければならない。認証されたら、法務局で法人登記の手続きも必要だ。設立後も、毎年、所轄庁への事業報告書や決算書（法制定時は「収支計算書」等、二〇一一年改正で「活動計算書」等）の提出、法務局での登記変更などの手続きもある。任意団体に比べて手間がかかることは事実だ。私自身もまちづくり情報センターかながわのNPO法人化の一連の手続きに携わったが、見慣れない定款（任意団体当時は簡単な規約はあったが、定款というのは難解な条文が四〇条にも及ぶようなものだった）や、初めて足を運ぶ法務局での登記手続きにため息が出たものだった。

それでも、最初は様子見だった団体も、徐々にNPO法人化するようになった。任意団体のままでも、NPO法人に比べて存在意義それ自体が劣るわけではないし、契約行為や財産の所有など法人化する必要性に迫られていない小規模な団体は無理に法人化する必要もないのだが、法人化する団体が増えてくると、法人であるかどうかで一般市民や行政・企業の団体を見る目も変わってきてしまう。

このことは、逆説的な現象も生みだした。NPO法人制度は任意団体が法人格を取得できるようにすることで活動を発展させるための制度だったはずだが、NPO法人制度ができると、これから活動を始めようとする人たちが、最初に行うことが、NPO法人の設立ということも起こってきた。NPO法人は、活動実績がなくても設立できる。こういう活動を行うということを定款で定め、一〇人の社員（会員）さえいれば設立できる法人だ。NPO法人を設立しさえすれば、思い描いた活動がうまく進むはずだ、さらには、行政が支援の手を差し伸べてくれるだろうという思い込みでNPO法人を設立するケースも見られた。企業を定年退職した男性たちが集まってＮＰＯ法人を設立することも増えた。ＮＰＯ法人の理事の肩書を刷った立派な名刺をもった方々が、まちづくり情報センターかながわに「ＮＰＯ法人を立ち上げたが何をしていいかわからない」と相談に来ることもあった。ＮＰＯ法人となっても、自然と賛同者や支援者が集まるわけではない。行政が何かしてくれるわけでもない。結局は法人であるか否かではなく、それぞれの団体が何をめざしているのか、どのような方法でやりたいのか、そのニーズがあるか、市民の支持を得られるかなどが大事なのだが、なかなか理解してもらえないこともあった。

ＮＰＯ法制定後、中間支援組織と呼ばれた民間の組織も行政の市民活動支援施設も、ＮＰＯ法人化を検討している団体や、ＮＰＯ法人設立を考える人たちから、法人化の手続きや、法人化することのメリット、デメリットに関する相談を受けることが増えた。やっと実現したＮＰＯ法人制度なのだから、ＮＰＯ法人が増えてほしい。そのためにも中間支援組織がＮＰＯ法人化のサポートをするのは理にかなっている。私自身も多くの団体のＮＰＯ法人化を手伝った。すでに活動してきた団体にとっては、ＮＰＯ法人化は、法人申請に必要な定款や事業計画を作成する作業を通して、組織や事業を見直し発展させる格好の機会でもある。実際、団体内でＮＰＯ法人化を検討するプロジェクトを立ち上げて、その後の事業展開を根本から検討するような団体もあった。その検討プロセスを支援することは、中間支援組織の重要な役割だと思えた。しかし、ＮＰＯは日常の目の前の活動に追われているところが多い。法人化はなるべく手間をかけないで、実務的に効率的に処理したいという団体も多く、その気持ちもわからなくはなかった。

ＮＰＯ法人化の実務支援が中間支援組織の一つの役割になった。そしてこの頃から、中間支援組織の役割として、ＮＰＯやＮＰＯ法人運営の実務支援、例えば、会計や労務、資金集め、広報、事業計画のつくり方、などが定番となっていったのである。

ＮＰＯにとって、実務面での支援は必要である。特に組織運営や経営などに不慣れな人たちで立ち上げたＮＰＯは、問題意識も何を実現したいかという思いもしっかりしているのだが、それを有効に実施する方法がわからなかったり、悪気はないのだが会計が不明瞭になってしまって信頼を損なってしまうこともある。雇用した人たちの労働者としての権利に無頓着になり労働問題が起こってしまうということもある。せっかくの思いを社会に伝えていくためにも実務面での支援は不可欠である。しかし実務支援はややもすると、テクニックを伝えるだけの支援となりがちである。中間支援組織とＮＰＯの間に必要なのは、それぞれのＮＰＯのミッションに対する共感と、それを実現するために協力し合うという信頼関係でもあるだろう。この関係のない中での実務面のみの支援は、中間支援組織をＮＰＯにとっての便利屋にしてしまうのではないかという危惧もあった。

4. ＮＰＯの担い手の変化と日常生活への定着

ＮＰＯが社会に認知されていくに従って、ＮＰＯの担い手にも変化が生まれてきていた。一九八〇年代～九〇年代にかけて、ＮＰＯの原型とも言える継続的な活動・事業を生みだしてきた活動や事業の担い手として、主婦層の存在があった。生協活動やＰＴＡ活動、公民館活動などを通して、地域の課題を実感する。そして、同じ思いをもった地域の仲間たちとともに活動を始める。特に子どもがある程度成長すれば、家事をやりくりして活動に多くの時間を費やすことも可能になる。市民活動や市民事業は、女性たちの社会参画の場でもあり、ワーカーズコレクティブなどは企業に雇用されるのとは違う新しい働き方を試みる場でもあった。

バブル経済が崩壊し、経済状況が悪化するにつれ、子どもの手が離れるとパート等仕事に就く女性が増えるようになった。また「女性は結婚して家庭を守るもの」「夫は仕事、妻は家庭」といった固定観念が崩れてきたことで、結婚・出産しても働き続ける女性や、結婚・出産という選択をしない女性も増えていった。専業主婦という存在自体が少なくなり、主婦層が市民活動の中心的な担い手という状況に変化をもたらした。

かわって、NPOの活動の担い手として増えてきたのが退職した男性たちである。退職しても六〇代から七〇代前半はまだまだ元気だ。これまでは家族を養うために、利益優先の企業で働いてきたが、これからは地域や社会に貢献したい、自分が培ってきた経験を社会に還元したいと考える人たちが、NPOに参加したり、新たなNPOを立ち上げるようになっていった。

学生もまたNPOの頼もしい担い手となった。NPOにボランティアやインターンとして参加する学生が増えた。中には、自分たちでNPOを立ち上げる学生たちもいた。

NPO法人制度は、NPOの認知度や信頼度を上げ、担い手のすそ野を広げる役割も担ったのである。

さらにNPO法人制度は、想定していた市民活動団体にとどまらない範囲でNPO法人を生みだしていった。例えば、地域のスポーツクラブ、観光やまちおこしのための事業体、企業系の業界団体や社会貢献組織などである。たしかに、公益的な目的を掲げた民間非営利組織である。

NPO法人は当初の「法人化した市民活動団体」というイメージから一人歩きを始めた。市民活動という範囲を超えて、様々なタイプのNPO法人が生まれていったのである。このことは、法人格をもたない任意団体も含めたNPOのイメージも広げていった。

今日、NPOは、市民活動という範囲を超えて、日常生活の中に当たり前に存在している。高齢者のデイサービス施設の看板に、NPO法人の名前が書かれていたり、街中のコミュニティカフェやフェアトレードショップ、自然食品店なども、NPO法人が経営していることもある。公共施設を運営しているのがNPO法人だったり、行政の子育て支援事業をNPO法人が受託して実施していたりもする。商店街でイベントを行う有志の団体が「私たちはNPOとして活動しています」と来場者に説明している。市民にとって、普段接するNPOやNPO法人は、ごく自然で身近な存在だろう。大学生が、「小学生のころ通っていたサッカークラブはNPO法人だった」と言っていた。NPO法人制度ができてからすでに二〇年が経ち、若い世代にとって、NPOは幼いころから身近にある存在にもなりつつある。そういう社会になったということはこの二〇年間の大きな変化だ。

自治会・町内会などの地域組織と、地域のNPOが協力し合う事例も増えてきた。例えば、地域の里山や河川などの環境保全を、NPO、自治会・町内会、学校が連携して取り組む事例なども増えてきた。

こうしてNPOが日常の中に定着していくことによって、中間支援組織の役割も変わらざるをえない。NPO支援は市民活動団体の支援の域を超えざるをえないし、地域での関係者を考えるとNPOだけを相手にする支援にとどめることはできない。

NPOと行政の協働を進めること、NPOと企業を仲介すること、NPOと地域社会の様々な組織の連携を図ることなども、中間支援組織の役割として期待されるようになってきている。単に出会いの場をつくればいいということではない。個々のNPOの活動内容や解決しようとしていることを理解し、それを実現するために必要な社会資源とつないでいくという役割である。ソーシャルワークとも通じる役割である。中間支援組織のスタッフは、相談窓口に座っているだけでは役割を果たせず、地域を回り、様々な組織や人に会い、地域を自ら開拓していくことも求められる。

こうした機能は、実は地域のＮＰＯの中に蓄えられつつある。中間支援組織ではなく、むしろ、個別の活動をするＮＰＯが、その活動を広げていく中で、地域で様々な組織や機関との関係性を築き、ＮＰＯとしての運営や経営のノウハウも身につけてきている。地域で経験を積んだいくつかのＮＰＯが、他のＮＰＯへの支援機能をもっているということも少なくない。

「中間支援組織」と名乗らなくても、実質的に様々な支援機能をもつ組織は増えてきた。地域にそうした仲介機能や支援機能を有する団体がどれだけ存在するかで、その地域のＮＰＯの活動が生かされることにもなる。

5. ＮＰＯの社会変革への支援

この間、様々なセクターで、ＮＰＯを支援する組織や機能が生まれてきた。ＮＰＯを支援するＮＰＯ、ＮＰＯを支援する企業系の公益法人、行政系の支援センターなどである。どこまでを中間支援組織と呼ぶかはともかく、ＮＰＯ支援に不可欠な要素として、ＮＰＯの社会変革を支援する機能をあげておきたい。

ＮＰＯはまだ多くの人が気づいていないような新たな課題に取り組むこともある。社会の常識や価値観を問いなおす活動をすることもある。国や自治体の政策と相反する提案を行うこともある。それもまたＮＰＯならではの先駆性だと受け止め、固定観念にとらわれない目線で判断し、共感し、活動に寄り添えるような支援が必要だ。

特に、目の前の課題や支援を必要とする人たちへの対応に追われるＮＰＯにとって、その活動の中から、めざすべき社会像などビジョンを描くことは中間支援組織の重要な役割であろう。また、ＮＰＯの歩む道の「半歩先を照らす」ことも必要だ。めざすべきビジョンに行きつく道筋をＮＰＯとともに模索し、次のアクションの方向性や、必要とされるシステムや制度を提案すること、つまりは半歩先を示す役割が、中間支援組織に求められ続けていることに変わりはない。

第4章　様々な形での社会変革と公益創造
——市民事業・協同労働・ソーシャルビジネス

1. 収益を得て事業を安定・発展させる市民事業の誕生

一九九〇年代から、市民の活動は、異議申し立てや反対運動だけでなく、地域や社会に必要なサービスを提供したり、システムをつくるなど、実践型の提案活動に変化してきた。その活動は、継続的な活動として市民組織によって担われた。そういう活動が生まれていたから、NPO法が制定されることになったのである。

こうした活動の多くは、対価が得られる活動ではない。例えば、自然環境の保全や、ホームレスの支援などは、社会的には必要な活動ではあるが、対価は期待できない。そこで、ボランティアの力を結集したり、幅広く寄付や助成金を集めて実施されていた。しかし財源確保は容易ではない。活動の継続性への不安はいつも付きまとっていた。

当時、民間の公益的な活動は、対価を求めず、寄付金や助成金などの支援的財源とボランティアによって担われるのが当然だとの考えが一般的だった。しかし一方で、それだけでは活動は持続しないと、サービス等の対価を受け取り、それを財源として社会に必要な活動や社会変革をめざした活動を、継続して発展させようとする「市民事業」も生まれつつあった。

2. フェアトレード

早い時期から、市民事業の取り組みを展開していた事例に、フェアトレードがある。発展途上国の貧しい人々のために、適正な価格で彼らの商品を買い入れようという運動である。日本にいながら、買い物を通じて発展途上国の経済に寄与しようという発想だ。途上国には児童労働、低賃金労働など、深刻な問題を抱えているところが少なくない。途上国の産品を不当に安く買いたたくのではなく、適正な価格で買い取る。それによって途上国の貧しい人たちの暮らしの役に立ちたいということがフェアトレードの考え方である。一九四六年、メノナイト中央委員会（MCC）が、プエルトリコの女性たちがつくった刺しゅう製品をアメリカの教会で販売したのが始まりと言われている。

日本にまだフェアトレードという言葉が知られてなかった一九七二年に、「シャプラニール＝市民による海外協力の会」が設立され、現地での農村開発活動の一環として、一九七四年バングラデシュの手工芸品の輸入販売を始めた。シャプラニールは、二〇〇一年にNPO法人化した。そして、バングラデシュとネパールを支援対象として、フェアトレード、子どもの権利を守る活動、災害に強い地域づくり、緊急支援や復興支援を行ってきた。

一九八六年に、日本で初めてフェアトレードという言葉を使って活動したのは、「プレスオルターナティブ」が始めた「第三世界ショップ」である。第三世界ショップは、フィリピン、インド、メキシコ、ペルーなどの現地の生産者と直接の信頼関係を築いて、コーヒー、手工芸品、衣類などを輸入販売している。第三世界ショップはNPO法以前に設立されたので株式会社で株式はあるが、会社でもNPO法人でもフェアトレードの理念と手法に変わりはない。

最近では、日本でも国際的な「フェアトレード基準」を順守することを証明する「国際フェアトレード認証ラベル」の普及や、自治体レベルで市民、行政、企業、学校など街全体でフェアトレードを応援する「フェアトレードタウン」の認証も増えてきている。

3. 市民風車

持続可能な発展を支えるために、クリーンエネルギーを普及すべきだという運動がある。エネルギー政策は国の政策である。国民に対して啓発活動をしたり、国に対して原子力発電をやめようと政策提言を行えば、それはアドボカシー活動である。アドボカシー活動とは主張を広く訴える活動のことである。だがそこから一歩踏み出して、自分たち自身がクリーンエネルギーによる発電事業に乗り出せば、それは事業活動である。

一九八六年のチェルノブイリ原発事故を契機に脱原発運動が広がった。一九九〇年代になると、政策提言するだけでなく、自分たち自身で風力発電を手がけようという「市民風車」の運動が始まった。この運動は、一九九九年に「NPO法人北海道グリーンファンド」を設立し、二〇〇一年九月には会員の電気料金五％分の基金と、二一七人（団体含む）の市民出資により、日本で最初の市民風車「はまかぜちゃん」を誕生させた。NPO法人は非営利法人であるため、出資を募ることはできない。そこで株式会社を設立し、市民からの匿名組合出資を募ったのである。自治体や企業の風車が多数を占める中、市民団体が大型の風力発電設備を建設し、発電事業に参入したことには驚きの声が上がった。総事業費の約八割を市民の出資で賄ったということは、風力など自然エネルギーに対する市民の関心、期待の高さを裏づける結果となった。この「はまかぜちゃん」が市民出資型の風力発電のモデルとなり、二〇一九年一二月現在全国で二一基と、「市民風車」が広がっている。

4. NPO法人ぐるーぷ藤と介護保険制度

一九九〇年代の初めに、市民事業として登場し、急速にその数を増やしてきたのが、福祉のたすけあい事業である。高齢化と核家族化が進み、近い将来、介護を家族だけでは担い切れないという危機感が生まれた。そして、年をとっても安心して暮らし続けることのできる地域をつくりたいという思いから、主婦層を中心に家事・介護を有償で行う市民組織が各地で設立された。市民の活動とは言え、介護という責任と技術が求められるサービスを提供するので、無償のボランティアでは継続は難しい。そこで、負担なく利用できる程度の料金（時間あたりの利用料としては当時の最低賃金程度）を設定し、介護の担い手には有償ボランティアとして金銭を支払い、事務所や事務局の維持経費を何とか確保しながら、利用者を増やしていった。

一九九八年にNPO法人制度が、そして二〇〇〇年に介護保険制度がスタートすると、このような家事・介護サービスを行う団体の多くがNPO法人格を取得し、介護保険指定事業所に登録した。一九九七年に介護保険法が制定される時、民間ボランティア団体（NPO）も活用しなければマンパワーが足りないと危惧され、NPO法人も介護保険指定事業所に登録できるようになった。介護保険制度は、家事・介護サービスを始めていたNP

Oの存在を前提に開始された制度であったとも言える。

介護保険制度ができたことで、指定事業所になったNPOは利用者の負担を増やさずに団体の収入を確保することができるようになった。また、介護保険を利用する高齢者の増加で、団体のサービスの利用者も増えた。億単位の事業高をあげる団体も珍しくなくなっている。

「ぐるーぷ藤」は、一九九二年に五人の主婦が神奈川県藤沢市で始めた福祉のたすけあい活動である。家事・介護サービスから始め、一九九九年にはNPO法人格を取得し、介護保険事業に本格的に乗り出した。訪問介護に加え、民家でのデイサービスなど徐々に事業の多様化を図っていった。二〇〇七年には複合型福祉マンション「ぐるーぷ藤一番館・藤が岡」を建設、一〇年後にはサービス付き高齢者向け住宅「ぐるーぷ藤二番館・柄沢」も建設した。現在は、この二館を拠点として、訪問介護に加えて看護小規模多機能型居宅介護や小規模多機能型居宅介護、障がい者のグループホーム、レストランなど多彩な事業を展開している。事業規模も数億円となった。

ぐるーぷ藤は、地域に必要だと思う事業を、自分たちで生みだし実践してきた。そして、事業の中で利用者のニーズや地域の課題が見えてくると、それに対応するために新たな事業を起こしてきた。介護報酬で財政が安定したとはいえ、高齢者住宅の建設となれば多額の資金も必要になった。ぐるーぷ藤では、「ふじファンド」を立ち上げ匿名組合契約で、メンバーや支援者、利用者から出資を募り、NPO法人であるぐるーぷ藤に貸し付ける形をとった。短期間で一億円近い資金が集まり、このことが金融機関の信用につながって融資を受け、ぐるーぷ藤一番館が実現した。

二〇一三年の法律改正により匿名組合方式から擬似私募債の発行に変えて事業資金に充てている。必要なことを市民の知恵と労力と資金で実現しながら、行政の制度や支援も活用する。こうしたぐるーぷ藤の実績には、国や自治体も注目するようになり、その福祉政策にも影響を及ぼしていった。

このように、市民事業団体のNPO法人化が増えると、事業の収益を主な財源として活動するNPOは、寄付や会費を主な財源として活動するNPOと区別して、事業型NPOと呼ばれるようになる。二〇〇〇年の介護保険制度の開始を前に、家事・介護サービスを担う市民事業団体の多くがNPO法人格を取得し、その事業高を拡大させていった。このことから、非営利＝無報酬と誤解されがちであったNPOへの認識は、大きく変化した。地域や社会に必要な事業を行い、収益を得て事業を安定・発展させることが、NPOの重要な経営手腕として認知されるようになった。

5. NPO法人の資金調達の課題

事業型NPOは、資金調達の面では大きなハードルがある。NPO法人北海道グリーンファンドも、NPO法人ぐるーぷ藤も、市民風車や高齢者住宅という大きなプロジェクトを実現するにあたっては、多額の資金を必要とした。

NPO法人の資金調達における壁の一つは金融機関の融資だ。企業であれば、事業が順調なら金融機関からの融資が可能である。しかし、NPO法人制度ができた当初、金融機関はNPO法人への融資はほとんど行わなかった。NPO法人にまだそれだけの実績がなかったこともあるが、非営利法人→利益をあげない→返済してもらえない、という思い込みが金融機関にあった。しかし、介護事業などで順調に売上高を伸ばすNPO法人が増え、NPO法人でも事業の内容ややり方によっては利益を期待できるということがわかると、徐々に金融機関の融資対象になった。

もう一つの壁は、NPO法人は出資を募ることができないということだ。営利組織の企業であれば出資を募ることが可能だ。出資を募って新たなプロジェクトを開始することもできる。しかし、非営利法人制度は、利益の分配＝配当を禁止しており、配当が前提とされている出資という行為は、非営利法人には認められていない。NPO法人として資金を集める方法として考えられるのは、寄付金を募るか、役員や会員などからの借入だ。事業が軌道に乗れば返ってくる出資なら、ある程度まとまった額を提供することができても、多額の寄付となると躊躇するのは当然だろう。借入というのも、お金が足りなくて借金しているというイメージが付いてまわる。金融機関からの融資も借入なのだが、融資と借金ではイメージが違う。

NPO法人制度は、市民が立ち上げた比較的小規模の団体や、寄付や会費で活動や事業を行う団体の法人化の手段と考えられていた。大規模プロジェクトを多額の資金を投入して実施するような事業モデルは、あまり想定されていなかったと思われる。

しかし、NPOの実践は、寄付や会費で実現できる範囲を超えていくのである。それだけ社会に大きなインパクトを与え、社会システムのモデルを提示できるNPOも登場してきたのである。

そこで、NPO法人は資金調達に知恵をしぼった。NPO法人北海道グリーンファンドは、NPO法人とは別組織として株式会社を設立し、匿名組合契約による出資を集めた。NPO法人ぐるーぷ藤も、匿名組合契約や擬似私募債の発行で資金を集めた。そして、こうした出資金や資金をもとに事業を立ち上げ、NPO法人がめざしたプロジェクトを実現したのである。

しかし、この方法は苦肉の策と言える。NPO法人に、出資を認めるべきだという議論も起こっている。配当のない出資金であれば、非営利法人にも認めていいのではないかということである。これはまだ実現してはいないが、事業型NPOにとって出資が認められることは、財源確保のみならず、多くの市民の賛同や支援を受ける形としては必要なことだ。寄付も出資も、市民によるNPOを通した社会システムづくりの一環なのである。

6. ワーカーズ・コレクティブとワーカーズコープ——対等な働き方

市民事業を立ち上げた人たちの中には、ワーカーズ・コレクティブとして組織化した団体も多かった。家事・介護サービスを行う市民事業の多くも、ワーカーズ・コレクティブとして立ちあがった。

ワーカーズ・コレクティブやワーカーズコープというのは、協同労働の組織形態である。経営者（雇用者）と労働者（被雇用者）という関係のもとでの一般的な働き方ではなく、働く人すべてが出資し経営に携わるという対等な関係のもとでの働き方である。

ワーカーズ・コレクティブは、生活クラブ生活協同組合の組合員である女性たちが中心となって生み出した。主婦として生協活動に参加し、共同購入を通して仲間ができた。その人たちが、地域の課題に取り組む活動を始め、自分たちの協同労働の場を自分たちでつくろうとしたのである。

ワーカーズコープ（労働者協同組合）は、一九七〇年代に失業者・中高年齢者の仕事づくりをめざして立ち上がった。二〇〇一年に「NPO法人ワーカーズコープ」として法人化し、現在、全国各地に事業本部を置いて、自治体からの受託事業などを実施している。どちらも協同労働という点では共通するが、ワーカーズ・コレクティブとワーカーズコープには違いがある。ワーカーズ・コレクティブは、地域に必要な仕事の創出をめざし、まだ介護保険制度もなかった時代に家事・介護サービスを始めたり、安全な食材を使ったレストランや仕出し弁当、高齢者への配食サービスなどを始めた。それに対し、ワーカーズコープは、全国各地で、施設や公園の管理など自治体の委託事業を積極的に受け、誰もが働ける場を創出しようとした。

ワーカーズ・コレクティブもワーカーズコープも、参加する（働く）には、一定程度の出資金を拠出することが求められる。無理のない範囲で、分割することも可能だが、みんなが経営者という理念のもとで、働く人みんなが出資するというしくみなのである。

ワーカーズ・コレクティブは欧米では法人形態として認められているが、日本にはいまでもワーカーズ・コレクティブという法人形態はない。そこでNPO法ができる以前は、個々のワーカーズ・コレクティブは、企業組合の法人格取得を選択した。企業組合は、働く人みなが経営に参画できるが、法的には営利法人である。非営利協同労働の法制化を求める運動も起こったが、現時点では実現していない。

7. 対等な働き方を選ぶか、非営利を選ぶか——法人格の選択

一九九八年、NPO法人制度ができた後、各地のワーカーズ・コレクティブは、NPO法人格を取得するかどうかという選択を迫られる。企業組合という営利法人ではあるが協同労働の法人格か、NPO法人という非営利・公益目的の法人格かの選択である。

NPO法人制度は、非営利・公益という性格を体現する法人制度だったが、働き方には無頓着な法人制度だった。NPO法を制定する過程で想定されていたのは、ボランティアが中心となる組織であり、事実、NPOで働

いている人はほとんどいなかった時代だった。NPO法では、報酬が受けられる役員は、役員総数の三分の一以下と定められている。四人の理事、一人の監事がいるNPO法人では、報酬を受けられるのは一人である。役員もまた無報酬のボランティアであることが想定されていた。

介護保険制度のスタートで、介護保険指定事業所を担う法人としてNPO法人が含まれることになった。また、社会の中で、非営利・公益目的の市民組織としてNPO法人が認知されていくにつれ、NPO法人化するワーカーズ・コレクティブも増えていった。

NPO法人になると出資という行為はできなくなり、何十人も働く人がいるワーカーズ・コレクティブでは、全員が理事というわけにもいかず、形式的に雇用者と被雇用者に区別せざるをえなかった。ワーカーズ・コレクティブにとって、出資は単なる資金調達の手段ではなく、働いている人たちみんなが経営に参画している証であり、責任をもって組織を運営するという共通認識の要でもあった。それは、市民が資本を持ち寄って起業することであり、資本家と労働者の関係を対等・公平なものに変えることでもあった。その出資ができず、さらに、雇用・被雇用の関係を取り入れるということは、大きなジレンマを克服しての選択であっただろう。NPO法人となっても、働いている人みんなで話し合って決めていくというワーカーズ・コレクティブのスタイルは堅持している団体も多い。

ワーカーズ・コレクティブやワーカーズコープに限らず、市民事業として一定規模の収益を得る事業を行うということは、そこで「働く」人たちが存在することになる。市民事業は、新たな事業やサービスを創出することで社会を変えていこうとするだけでなく、人々の働き方を見直そうとする社会運動でもあった。その精神は市民事業に限らず、多くのNPOにも影響を与え、NPOが新たな働き方の受け皿として注目されるようにもなった。

8. コミュニティビジネスとソーシャルビジネス——ビジネスの手法を用いた社会変革

ＮＰＯ法人がどんどん生まれていた二〇〇〇年頃から、コミュニティビジネスという言葉が登場する。コミュニティビジネスとは、地域の課題を地域の資源を活用して、ビジネスの手法によって解決しようとする事業である。ビジネスの手法とは要は採算のとれる事業、収益事業のことである。

地域に密着して活動するＮＰＯは、地域の課題を地域の資源（これには市民のボランティアも含まれる）を活用して解決しようとする。ＮＰＯであっても収益事業は可能であり、事業型ＮＰＯは収益事業によって事業を継続・発展させていく。

コミュニティビジネスの事例として、地域に密着した事業型ＮＰＯが取り上げられるようになった。ただし、コミュニティビジネスは、その担い手を非営利組織に限定しているわけではない。営利法人や個人事業主もコミュニティビジネスの担い手である。

さらに、二〇〇〇年代の後半からは、ソーシャルビジネスという概念が普及する。経済学者のムハマド・ユヌス博士が、著書『貧困のない世界を創る——ソーシャル・ビジネスと新しい資本主義』で定義した概念である。コミュニティビジネスとは違い、地域に限定していない。地域密着型であっても、そうでなくても、ビジネスの手法を用いて社会的課題の解決や社会の変革を目的として実施される事業をソーシャルビジネスと言う。日本語では、「社会的起業」とも言う。

9. 地域の「弱み」を「強み」に――ヨコハマ・ホステル・ビレッジ

神奈川県横浜市中区寿町の「ヨコハマ・ホステル・ビレッジ」（運営はコトラボ合同会社）は、若者たちが様々な形で参加するソーシャルビジネスである。

寿町にはドヤと呼ばれる簡易宿泊所が百軒以上立ち並ぶ。かつては港湾などで働く日雇い労働者の集住地区であり、路上生活者も多かった。今ではそうした人たちも高齢化し、生活保護を受けて暮らす単身男性の多いまちとなった。以前から寿町には、路上生活者や困窮者の支援を行うNPOが関わってきたが、山谷や釜ヶ崎と並ぶドヤ街のイメージが定着し、近隣からは「寿町には足を踏み入れるな」と避けられてきたまちである。

二〇〇五年に、このまちで、ヨコハマ・ホステル・ビレッジという事業を立ち上げたのが、コトラボ合同会社の代表の岡部友彦さんである。寿町は、JR横浜駅から根岸線で三駅の石川町駅から徒歩数分にある。関内やみなとみらいといった横浜の観光の中心地も徒歩圏内だ。観光の拠点として申し分ない位置にあるこのまちには、一泊二五〇〇円～三〇〇〇円程度で泊れる簡易宿泊所の部屋が余っている。

ヨコハマ・ホステル・ビレッジは、何軒かの簡易宿泊所のオーナーと提携し、若い観光客を対象に、簡易宿泊所を宿として提供する事業である。海外の旅行サイトにも案内を出し、海外からの観光客も呼び込んでいる。

ここでは数人の若者が働き、ボランティアとして関わる若者も多い。若いアーティストに表現の場も提供している。ヨコハマ・ホステル・ビレッジの客として、ボランティアとして、様々な若者たちが増えることで、まちのイメージが変わり、孤立しがちな住民たちとの間に交流が生まれている。活動目的は、まちの人たちが生きがいをもって働き、暮らす環境をつくることだ。合同会社という営利組織による収益事業としての取り組みであるが、その目的は、NPOとも共通する地域や社会の課題解決であり、公益である。ヨコハマ・ホステル・ビレッジは、寿町がもつ立地を活かし、負の資源だと考えられてきた簡易宿泊所を観光資源として活用するという、発想の転換がもたらした新たなビジネスモデルであり、地域とそこに住む人たちに活力を与えるソーシャルビジネスである。

10. ソーシャルビジネスは若者に人気があるが、儲かるわけではない

ソーシャルビジネスが社会的に浸透するにつれ、様々な社会的課題をテーマとしたシンポジウムなどで、NPO法人と、ソーシャルビジネスを担う営利法人がパネリストとして同席するような機会も増えてきた。法人形態や事業形態は違っても、取り組む課題やめざすビジョンは同じだからである。

ソーシャルビジネスの登場は、社会貢献や社会変革は、経済活動や市場にはほとんど影響を及ぼさない領域だという固定観念を覆しつつある。実際にはまだ微力であるが、ソーシャルビジネスもNPOの事業も、経済活動として一定の影響力をもつようにならなければ、社会の変革は限られた領域にとどまってしまうであろう。

またソーシャルビジネスの担い手は、それまでのNPOの担い手とは異なる層も巻き込んでいる。特に若い層である。ソーシャルビジネスという言葉は、社会に貢献したいと考える若者たちの関心を集めた。NPO法人が増え、NPO法人で働く人が少しずつ増えてきても、NPOは基本的にはボランティアが中心となる組織だと考えられており、多くの人が働く場とはなりにくい。仮にNPOで働いたとしても、賃金が低いというイメージか

ら、若者たちは、NPOには関心はあっても、自分たちが積極的に関わることは難しいと考える。それに対して、ソーシャルビジネスは新たなことにチャレンジする起業というイメージで、興味をひいたのであろう。

もちろんソーシャルビジネスを名乗ったからと言って、また、営利法人にしたからと言って、それだけで収益が増えるわけではない。NPO法人にしようが、営利法人にしようが、経営手腕が問われることには違いはない。また、ソーシャルビジネスとして取り組む社会的課題は、ビジネスの手法を用いたからと言って十分に儲かるわけではない。採算がなんとかとれればいいほうだ。経営者の報酬も、そこで働く人たちの賃金もそれほど高くない。成功した実業家のようなイメージでとらえていると、「こんなはずではなかった」ということになる。それでも、社会変革と起業という二つのチャレンジができるソーシャルビジネスは、若い層に魅力的な手法である。

11. 新たな公益や社会変革の担い手

昨今では民間の公益活動の担い手は、非営利組織NPOの専売特許ではなく、営利組織でも公益を担うことはできるという考え方が普及してきた。

考えてみれば、公益の対義語は私益、非営利の対義語は営利であり、公益と営利が矛盾するとは限らない。公益目的の営利組織というのは論理的には十分ありえたのだ。

他方で、NPO法人が増え、公益目的ではあるが、社会的課題の解決まではめざしていない事業型NPOも存在する。介護保険指定事業所となったNPO法人や、公的施設の指定管理者となったNPO法人の中には、公益的なサービスの担い手に甘んじているものもないとは言えない。対して、社会的課題の解決という目的を明確にした、ソーシャルビジネスは、ＮＰＯ法人制度をつくることでめざした社会を実現する担い手と重なることは間違いない。

市民事業が登場した一九七〇年代から今日まで、その担い手や手法に関しては様々な試行錯誤があり、それは今も続いている。市民事業、事業型ＮＰＯ、ソーシャルビジネスなど、表現も様々である。ＮＰＯ法人という非営利組織で担う方法もあれば、営利法人で担う方法もある。協同労働という新しい働き方を内包した事業体もある。

一見混沌としているが、これらの事業体に共通しているのは、目的が利益追求ではなく、社会の変革や課題解決、つまり、あらたな公益の創出である。これらの事業体を包括する概念があるわけではないが、包括的にとらえないことが、それぞれの事業が自由に発展していくことを後押ししているようにも思われる。混沌こそが、新しいシステムを生みだす原動力であり、混沌なき社会からは新しいものは生まれない。

重要なのは、混沌としつつも、市民事業、事業型ＮＰＯ、ソーシャルビジネスなどに対する、社会の理解や評価が定着してきているということである。こうした事業が、経済活動や労働環境といったＮＰＯの概念だけでは突破しきれない領域にも踏み込みつつ、新たな公益や社会変革の担い手となりうるかが問われている。

第5章　ＮＰＯによる政策提案
――ＮＰＯの先駆的活動が社会システムをつくる

1.　ＮＰＯの実践は政策提案になる

ＮＰＯの活動は、社会に必要なサービスや支援を市民が自ら実践することが多いが、そうしたサービスや支援は、往々にしてまだ社会に存在していないものをつくり上げていくプロセスでもある。そんな問題があるとそもそも社会が認知していないこともあるし、問題があることはわかっていても対応できる制度やシステムが整備されていないこともある。あるいは、制度やシステムがあっても、そこからこぼれ落ちてしまう人たちがいる時、その存在を察知して、問題に対応できるシステムを自分たちの手でつくっていこうとする。そういうことはみな、ＮＰＯならではの活動だ。

「実際にやって見せること」が社会に与えるインパクトは大きい。社会に問題の存在を知らせるとともに、その問題への対応策も同時に提示することになる。「こんな問題が存在したのだ」「こういう取り組み方もあったんだ」ということを、ＮＰＯの実践が人々に教えるのだ。それによって多くの人々が気づき、問題を共有することができる。そして、その実践が、法律や制度をつくったり、変えたりするきっかけや推進力となることもある。ＮＰＯの実践は、政策提案の一つの形でもある。

具体的な事例として、子育て中の親子の居場所づくりとＤＶ被害者支援の活動が、制度を整備し、社会システムとして定着していったプロセスを紹介したい。

2. つどいの広場のモデルとなったＮＰＯ法人びーのびーの

神奈川県横浜市港北区で、育児支援施設「おやこの広場びーのびーの」と、「港北区地域子育て支援拠点どろっぷ」を運営する「ＮＰＯ法人びーのびーの」は、現理事長の奥山千鶴子さんと、現副理事長・事務局長の原美紀さんの二人が、一九九九年に準備を始め、二〇〇〇年にＮＰＯ法人化して活動を開始した。

子どもが幼い頃、港北区に転入した原さんは、保健師さんに声をかけられ、福祉保健センターがつくる広報紙の編集に参加するようになった。そこで同じように幼い子どもをもつ奥山さんと出会った。

当時、横浜市域で子育て支援の活動をしている親たちのネットワークができており、保健所と一緒に親子の居場所に関する調査を行った。乳幼児をもつ親八〇〇〇人ぐらいから回答が得られた。その結果、横浜市内には、授乳やおむつ替え場所がほとんどない、公園とスーパーを行ったりきたりするだけの毎日を送っている母親が多いという実態がわかった。

一九九九年、奥山さんと原さんは、東京都武蔵野市が設置している〇歳～三歳までの乳幼児と親の居場所武蔵野市立「０１２３吉祥寺」を見学に行き衝撃を受けた。０１２３吉祥寺は親が子どもを連れてきて、子どもを遊ばせながら自分の時間を過ごせるという施設で、その後の厚生労働省の「つどいの広場事業」のモデルの一つになった。こういう場所が私たちの地域にもすぐほしいと思い、港北区菊名の商店街の空き店舗を月二〇万円で借りることにした。区内で呼びかけたら、絵本の読み聞かせや子育てサークル活動をしていた子育て中の仲間が二〇〜三〇人集まった。改装費の一部は奥山さんが出した。空き店舗を賃貸借契約するために二〇〇〇年二月にはびーのびーのをNPO法人として設立し、四月にはおやこの広場びーのびーのを開設した。

この空間をどういう場にするかを、みんなで侃侃諤諤《かんかんがくがく》話し合い、乳幼児とその親たちの居場所として、あえて「何もしない」のを大事にすることにした。

自分たちの居場所が欲しくて始めた活動だったが、いざ始めてみたら、たくさんの人がやって来た。家で一人子育てをするのはつらい、その子育てをみんなでやるこの空間が、かけがえのない場なのだ。奥山さんたちは事業をはじめてからそのことに気づいた。集まってくる人たちみんなが、おやこの広場びーのびーのの意味づけをしてくれ、親子の居場所の社会的必要性がわかってきた。

おやこの広場びーのびーのを開設した二〇〇〇年は、厚生労働省が少子化対策室を新たに設置して、少子化対策に力を入れるようになった年だった。厚労省の人がおやこの広場びーのびーののことを聞いて見学に来た。そして二〇〇二年に厚労省はつどいの広場事業を予算化した。やがて、横浜市社会福祉協議会の公募に応募し、おやこの広場びーのびーのにもつどいの広場事業の予算がつくようになった。さらに二〇〇六年からは、横浜市が各区に地域子育て支援拠点を設置するようになった。最初にできた「港北区地域子育て支援拠点どろっぷ」は、NPO法人びーのびーのが受託運営している。

3. DV被害者支援は行政とNPOの連携なしにはできない
――NPO法人かながわ女のスペースみずら

NPO法人かながわ女のスペースみずらは一九九〇年に、女性たちで女性の相談に乗ろうと設立された団体である。その当時、様々な問題を背負った女性たちが相談できるところはほとんどなかった。その後、人身売買で日本に連れて来られたアジアの女性たちをかくまい、帰国支援をするようになり、一九九三年には民間住宅の一室を借りて、シェルターを常設するようになった。すると、福祉事務所から「若いお母さんが夫から暴力を受けていて家に帰せないんです」と保護を依頼されるようになった。行政を通して保護をすれば、行政から費用が支払われることがわかったため、以降はシェルターを必要とする女性は、まず行政を通してもらうことにした。

その頃、みずらのシェルターが満室で入れなかった女性が、DVにより殴り殺される事件が起こった。シェルターに入れず殺されることがあってはならない。みずらはシェルターを増設するように神奈川県に働きかけた。その結果、県がマンションや一戸建てを借り上げて、みずらが受託運営するというシェルターの公設民営が一九九九年から始まった。

二〇〇一年には、DV防止法（配偶者からの暴力の防止及び被害者の保護に関する法律）が成立した。欧米から約三〇年遅れの立法化だった。DV防止法の成立過程では、みずらも内閣府から依頼され、意見を述べてきた。DV防止法成立を受けて、神奈川県では県の担当者が県内市町村をとりまとめて、相談を受けた自治体が責任自治体となり、公設・民設のシェルターに被害者を保護するとともに、必要ならば生活保護も付けるという統一方式がつくられた。一時保護と生活保護が連動しない自治体も多かった中で、神奈川方式は全国的にも注目された。シェルターに各自治体のDV担当相談員と生活保護担当相談員、県の担当者などが、一堂に会してカンファレンスを行うことも神奈川方式の特徴である。

行政がNPOに歩み寄りいっしょに連携して活動するようになった一九九〇年代後半は、行政の財政が厳しくなってきた頃だ。そうした財政状況もあるだろうが、DV被害者支援は行政だけでは不可能であり、経験のあるNPOと連携することが必要だという判断もあっただろう。DV防止法の成立に伴い、神奈川県と県内市町村は、行政でなければできない制度整備と自治体間連携に力を入れた。行政がなすべきことを努力し、責任をもって対応する、NPOはシェルターを運営しDV被害者のケアと支援を行う、そして行政はNPOに対して委託や補助という形で費用負担するという、NPOと行政の役割分担が構築されてきた。

4. NPOによるニーズの可視化と社会化

びーのびーのが始めた親子の居場所も、かながわ女のスペースみずらなど、女性支援を行うNPOが始めたDV被害者の保護・支援の活動も、公的な制度が整っていなかった時期に、NPOの活動が先行して始まった。びーのびーのも、かながわ女のスペースみずらも、こういう支援やシステムが必要だと思う人たちが、自分たちでそれを実行するために立ち上げた組織であり、おやこの広場、女性相談や女性のシェルターという社会に必要だと思われる場やシステムを自らつくり上げてきたのだ。

行政は、一定程度のニーズが存在することを確認できないと問題に取り組むことは難しい。ニーズが十分顕在化しないと本格的に取り組めないのである。税金を投入するのであるから、「やってみましたが、それほどニーズがありませんでした」という事態は避けたいというのも当然だ。さらに、ニーズがあるとわかっていても、法律や制度という裏づけがなければ予算も付きにくいし、行政事業としては実施しにくい。

しかし、ニーズというのは、それを顕在化させようとしなければ顕在化するものではない。制度で守られず困っている人や支援を必要とする人が存在していても、それを掬《すく》い上げる制度がないのだから発見することさえも難しい。ニーズがないのではなく、ニーズを可視化することができないだけなのだ。そうしたニーズをキャッチして行動を起こすのがNPOだ。最初はごく少数のニーズとしか見えていなくても、実は同じニーズをもつ人たちがたくさん存在することもある。それが可視化できれば、そのニーズは社会のニーズとなる。

びーのびーのがおやこの広場びーのびーのを開設すると、そこには近隣からたくさんの親子が訪れるようになった。みずらが女性のためのシェルターをつくると、DV被害を受けた女性で満室になるようになった。NPOが実践することで、実はそうしたサービスや支援を必要としている人たちが一定数以上いることが可視化されたのである。社会のニーズであることが実証されたと言ってもいい。NPOはニーズを可視化・社会化する役割を果たしているのである。

5. NPOの活動がニーズを発掘する

行政施策には市民のニーズを反映させたほうがいい。ではどのようにして市民のニーズを把握するのかと言うと、「ニーズ調査をしましょう」となりがちだ。子育て支援であれば、子どもをもつ親に、「必要だと思う支援は何ですか」というようなアンケート調査をするといった具合だ。こうしたニーズ調査も必要ではあるが、ニーズ調査には表れないニーズがあるということを認識しておくことが大事だ。

　びーのびーののおやこの広場がいい例ではないか。乳幼児と親の居場所と言うのは当時ほとんど存在していなかった。両親が共働きの家庭は保育園に子どもを預けるのが普通だ。乳幼児期は家庭で育てる選択をした場合、幼稚園に入園するまでは自宅以外に過ごせる場所はない。児童館などがあっても自分で動き回れる幼児から小学生が中心だ。一九九〇年代に「公園デビュー」という言葉が流行った。子どもを産んで、子どもがよちよち歩きをしだした頃から公園に遊びに連れて行く。そして公園に来ている他の親子の仲間入りをすることだ。考えてみると、乳児期の子を連れて行って遊ばせることができる場、親同士がコミュニケーションをとることができる場は、夏は暑く、冬は寒い屋外の公園ぐらいしかなかったということだ。

　もし当時、乳幼児をもつ親に子育て支援として何が必要かというニーズ調査をしたら、おやこの広場のような場所がほしいという回答がたくさん得られただろうか。身の周りにそうした場はまだないのである。見聞きする機会もないのである。人は何がほしいかと聞かれて、自分の経験や見聞をもとに、そこから想像を広げられる範囲で答えることが多いだろう。未知のものを想像することは難しい。

　びーのびーのを設立した奥山さんや原さんも、武蔵野市の０１２３吉祥寺に触発されて、自分たちの地域におやこの広場をつくった。そして「始めてみたら、たくさんの人がやって来た」というのは、ニーズを掘り起こしたのである。ないものをほしいと思うことはできなくても、新しくできたものに対して「こんなところが欲しかった」と思うのもまたニーズである。ＮＰＯによるニーズの発掘と顕在化である。実際にやってみせることで、それが本当にニーズがあるものかどうかを実験してみるということでもある。

6. 政策提案の二つの手法——実践と運動

ＮＰＯの実践は、ニーズの顕在化であり、効果の実証でもある。ＮＰＯの活動が、それを必要とする人たちがどれだけいるのか、そして、そうした人たちにとってどれだけ有効な取り組みなのかを実践的に検証することができるのである。これは、まさに実践的な政策提案だ。

ある地域で一つの団体が始めた活動でも、話題になれば、他団体や他地域に波及する。同じような取り組みをやってみようというＮＰＯが現れる。富山市で活動している「デイケアハウスこのゆびとーまれ」は、一九九三年に設立された。地域密着・小規模・多機能をうたった福祉施設で、その理念に共鳴した人々が各地で同様の施設を始めた。今では全国に同様の施設が一〇〇〇か所以上になり、富山型デイサービスと言われている。このゆびとーまれは、いわば社会システムをつくったのである。

民間の取り組みにとどまらず、公的な制度として整備されることもある。おやこの広場は、厚労省の子育て支援施策に取り入れられ、全国展開されるようになった。ＤＶ被害者のシェルターは、ＤＶ防止法の制定後は各自治体で設置され、ＮＰＯ等に運営が委託されるようになった。ＮＰＯの先駆的な取り組みが社会のシステムとして定着していったのだ。

ＮＰＯの実践が法制度として整備される過程には、ＮＰＯの働きかけも必要である。単にＮＰＯが取り組んで有効な支援やサービスを実施しているというだけでは、国や自治体は、「ＮＰＯに任せておけばいい」と考えてしまうこともある。かりに制度化されたとしても、実践しているＮＰＯの意見が反映されなければ、見かけは同じような事業でも、利用者にとって使い勝手が悪いものができてしまうということもある。

公的な制度やサービスとして実施すべきことであるならば、ＮＰＯは自分たちの実践の結果を踏まえて、積極的に行政や議会に働きかけることも必要であるし、どのように制度設計するか、運営はどこが担うのがいいのか、必要な予算はどのくらいなのかなど、実践者の立場から提案していく必要がある。行政と話し合ったり、審議会等に参加して意見を述べるだけでなく、時には署名を集めて議会に提出したり、議員に働きかけて理解を求めたりすることも必要となる。これらは従来からある、運動型の政策提案であるが、実践型の政策提案を制度やシステムに反映させ、有効に機能させるためには、運動的な要素も必要となる。

実践と運動とが両輪になることで、ＮＰＯの政策提案機能が最大限に発揮されるのである。

第6章　子どもの命と人権を守る
――変わらなければならないのは大人と社会

第6章と第7章では、NPO等が個別の課題にどのように取り組んできたのか、「子どもの人権（不登校の子どもたちの居場所づくり）」と「生活困窮者支援」という二つのテーマを例にとって具体的に見ていきたい。どちらも、私が市民活動・NPO支援を行ってきた中で、関わりをもってきた分野である。

1.　子どもの問題は社会の問題だ――子ども・若者に関わる活動の変遷

一九八〇年代後半、市民活動が注目を浴び始めた頃、子どもに関わる活動として目立っていたのは、一つには教育のあり方を問う活動である。例えば、家永教科書訴訟を支援する運動や学習指導要領に見られる国の教育統制の傾向を危惧する運動などである。もう一つは、食の安全など子どもをより安心して育てられる環境づくりへの取り組みである。一九八六年のチェルノブイリ原発事故の直後から起こった脱原発運動の広がりは、子どもをもつ親たちに放射能汚染への危機感が広がったという側面もあった。

その頃、子どもの問題といえば、ごく普通の家庭でごく普通に育つ子どもたちを思い浮かべるのが一般的だった。もちろん当時から、児童養護施設で育つ子どもたちや虐待やいじめを受けている子どもたちがいなかったわけではないが、そうした子どもたちは特別の事情をもつ子どもたちで、社会問題として顕在化していたとは言えない。つまり社会が変わらなければならない問題として認識されていたわけではなかった。

一九八〇年代の終わり頃から、子どもの権利や命の問題に取り組む市民の活動が増えていく。不登校の子どもたちの親の会が子どもの居場所を開設する活動が現れた。一九八五年に設立された不登校の子どもたちのフリースクール「東京シューレ」はフリースクールの先駆的な存在だった。

そのうち、いじめや虐待の問題も深刻になっていった。日本で「チャイルドライン支援センター」が設立されたのが一九九九年のことだった。チャイルドラインは一九八六年にイギリスで始まった活動で、子どもからの電話を聞いている。相談も受けるが子どもの話を聞くということに主眼を置いている。一九九〇年代に児童虐待防止に取り組む活動が増え、二〇〇〇年に「児童虐待の防止等に関する法律」（児童虐待防止法）が制定された。

国際化が進み外国籍住民が増えるにつれて、日本に来て、言葉もわからず学校の授業についていくことのできない子どもたちも増えてきた。一九九〇年代には、外国につながる子どもたちに日本語を教えたり、生活支援を行うボランティアグループが増えた。こうしたグループは言葉を教えるだけでなく、外国から来た人々を地域社会に受け入れる役割を果たしている。

子どもたちの問題は、より健やかに育つ環境をつくるという以上に、命や人権に直結する問題になってきたのである。いじめにより自死を選ぶ子どもたち、虐待によって命を落とす子どもたちはその顕著なものであろう。子どもの問題は、子どもの命をどう守るか、そして、子どもの権利をいかに保障するかということにもなった。

子どもたちは守られるべき存在であるが、大人たちの価値観や規範に従うことで守られる存在ではない。存在自体が尊重される人間としての権利が求められたのである。

日本社会において、子どもの権利を保障するという考え方はそれほど馴染みやすかったわけではなかった。なぜならば、子どもはこうあるべき、という大人たちの先入観が凝り固まっている。子どもたちがその生活の多くを過ごす学校も、子どもたちを「管理」「指導」することで育成する機関として日本社会に定着してきた。

「世界に一つだけの花」がヒットした二〇〇三年当時、小中学校や高校の入学式や卒業式で校長はこぞって、この歌を例に出し、「あなたたちはみなオンリーワンだ」と讃えた。人と比較せず自分らしく生きればいいという素敵なメッセージだが、「社会の価値観や常識から逸脱しない範囲でね」という大人たちの都合が見直されたわけではない。不登校となった子、教員の指導に素直に従わない子などに対しても「オンリーワン」というあたたかい眼差しが向けられたかというとそうではないだろう。

以上のことが示しているのは、「子どもの問題」は、子どもの側の問題ではなく大人や社会の側の問題だということである。一九八〇年代終わり頃から、子どもたちを支えるＮＰＯは、子どもの問題は、私たちの社会自体が変わらなければならない問題だということを問いかけ続けてきた。

2. 子どもたちの居場所づくり——フリースペースたまりば

日本社会の教育に関する常識を揺さぶり、日本の教育制度に変化をもたらした活動でもっとも印象的なのは、民間のＮＰＯ活動が学校関係者や文部科学省の不登校についての考え方を変えたことである。そういう活動をしてきたＮＰＯの一つが「ＮＰＯ法人フリースペースたまりば」である。フリースペースたまりばは、不登校の子どもたちの居場所づくりに取り組んできた。

フリースペースたまりば（以下「たまりば」）は、不登校の子どもたちの居場所を民設でスタートして、いまでは神奈川県川崎市が設置した「川崎市子ども夢パーク」と、その中に併設されている「フリースペースえん」を指定管理者として運営している。

フリースペースえんは様々な背景をもつ不登校児童生徒の権利保障をめざしてつくられた公設民営のフリースペースだ。発達・知的・精神・身体障がいなど様々な障がいをもつ子どもや非行などの背景をもつ子どもを受け入れている。

たまりばの創設者で現理事長の西野博之さんが、たまりばを立ち上げるきっかけとなったのは、不登校の子どもたちとの出会いだ。「ぼく、もう大人になれない」と、先の見えない不安に涙をためて訴えた小一のシュン君との出会い。中二のマユミは母から無理心中に巻き込まれた。子どもの将来を悲観し、夫や舅・姑から理解が得られず追い詰められた母が、子どもを道連れに死のうとした事件だった。学校へ行って当たり前とされ、学校へ行かない生き方が容認されない時代だった。子どもたちが自ら命を絶つ事件も起きていた。

学校に行けなかったら、生きていく道はないのか。西野さんは一九九一年に、多摩川のほとりに二間のアパートを借りた。「たまりば」の名前は毎日子どもたちと遊んだ「多摩川（タマリバー）」にちなんで名づけた。たまりばで子どもたちが最初にやったことは天井裏を掃除して、「ここが私たちの居場所」と立てこもることだった。大人たちがよかれと思ってやっていることが、子どもたちの生きづらさにつながっていることを思い知らされた事件だった。

何がなんでも不登校の子どもたちの学校復帰をめざす、というのが当時の考え方だったが、西野さんはその前にやるべきことがあると思った。すっかり削り取られてしまった自信を取り戻し、自尊感情を育むこと。そのために西野さんが始めたのは、日々の暮らしを大切にし、毎日お昼ごはんを一緒につくって、みんなで食べることだった。

遊びたい人は遊び、勉強したい人は勉強する。何もしないことも認める。そんなたまりばは、当時、学校や公的機関からは、不登校の子どもたちを甘やかすけしからん集団だと見られていた。通ってくる子どもが四〇～五〇人に増え、一九九五年には広い一軒家を見つけ移転することになった。しかしその地域では、反対の署名運動が起こった。不登校の子どもや親が楽しそうに笑っている、これはその頃、世間を騒がせていた怪しい宗教集団に違いない。そんな根も葉もない噂をまかれ、結局、別のところに移るしかなかった。

3.　一九九〇年代後半――実践が流れを変えた

一九九〇年代後半、ようやく流れが変わった。文部科学省が、たまりばのような場所に来る子どもたちが学校や社会に戻れるのか知りたいと、教育委員会を通じて調査依頼をしてきた。調べてみると過去七年間たまりばに通ってきていた子どもたちの九割近くが高校などに進学していた。この結果は関係者を驚かせた。西野さんたちは、やはり不登校になっても結局は高校に戻らないと生きづらいんだ、と調査結果を受け止めたが、教育委員会からは高い評価を受けた。

その頃は不登校の子どもたちに対しては適応指導教室が設けられ、そこに通うことから始めて最終的には学校に戻らせるという方法がとられていた。ところがなかなか学校に戻らないというので、大きな課題になっていた。だが、調査の結果がきっかけになって、教育関係機関は「解決のカギは居場所にある」と言いだすようになった。

川崎市も動いた。一九九八年から始まった川崎市の子どもの権利条例づくりに、「不登校の子どもたちや障がいのある子どもたちの意見を代弁してほしい」と市の職員から参加の要請があった。西野さんたちは、行政から歩み寄ってくる時代が来たのだと感じた。NPOの活動が行政の流れを変えたのだ。当時川崎市内の不登校の子どもたちは一三〇〇人を数えた。そういう子どもたちの居場所が必要なこと、精神疾患を発症した若者や発達障がい・非行の子どもたちなど、公的機関ではなかなか対応できていない不登校の子どもたちの権利保障をどうするのかなど、民間とともに考えてもらいたいと、西野さんは訴えた。

二〇〇〇年に「川崎市子どもの権利に関する条例」が制定された。全国でも早い時期につくられた子どもの権利条例で、しかも具体的な子どもの権利が明記されている条例である。第二七条には「子どもの居場所」が明記された。そして条例の具現化をめざして、行政と民間で話し合いを重ね、二〇〇三年には「川崎市子ども夢パーク」が開設された。夢パーク内には、不登校の子どもたちの居場所であるフリースペースえんもオープンした。一九九〇年代後半から、不登校というテーマは行政と民間が政策課題をいっしょに考えていこうという流れに変わったのである。

4. 不登校の子どもに居場所を——政策が変わった

不登校の子どもたちに対する社会の認識は少しずつ変わっていった。不登校の子どもたちが増え、特別なケースではなくなっていったこと、東京シューレやたまりばのような不登校の子どもたちの居場所が少しずつ増え、マスコミ等でも取り上げられていったことも人々の意識に影響は与えているだろうが、国の教育行政の不登校の子どもたちに対するとらえ方や対応策の変化が与えた影響は大きかったと思われる。

そもそも、一九八〇年代は「不登校」という表現ではなく「登校拒否」という言葉が使われていた。「登校拒否」「学校不適応」という言葉で、「学校に行くことを拒否する子ども」「学校に適応できない子ども」といったネガティブな印象は避けられなかった。

また「登校拒否」は、学校に行かない子ども自身やその家庭環境に問題があるという考え方が支配的だった。個人的な問題であり、社会として、あるいは教育行政が取り組む問題とはされてこなかった。むしろ登校拒否を理由に精神病院に入院されられている子どもたちも存在し、それを国会で野党議員が問題として取り上げたこともあった。

一九九〇年頃になると、文部省は「登校拒否」への対応策を講じるようになる。一九九〇年には「登校拒否」の子どもたちが学校に籍を置きながら通う適応指導教室（のちに名称を教育支援センターとした）を各地に設置した。また、「登校拒否」を地域全体で取り組む問題と考えるようになり、学校や児童相談所、PTA等が参加する会議を各地に設置することとした。しかし、適応指導教室の目的が子どもの学校復帰であったように、この段階での「登校拒否」の解決策は、子どもに適切な指導をして学校に行かせることだった。

文部省が「不登校」という表現を正式に使い始めたのは一九九二年である。文部省の学校適応対策調査研究協力者会議の最終報告書（一九九二年）では、フリースクールや居場所などの民間の取り組みにも注目し、子どもを学校に無理に連れ戻さないという方針を明確にした。この提言を受けて、一九九五年からは、小中高校へのスクールカウンセラーの派遣を開始し、二〇〇五年にはすべての中学校にスクールカウンセラーが配置された。

さらに二〇〇二年に文部科学省は「不登校問題に関する調査研究協力者会議」を発足させ、翌年の報告に基づいて、二〇〇三年からは、小中学校長の判断で、民間のフリースクールや教育支援施設に通った日数を、在籍校の出席日数に含めることができるようにした。学校以外の施設に通う小中学生に通学定期券が発券されるようにもなった。高校においても二〇〇九年から、民間のフリースクールや教育支援施設に通った日数を出席日数に含めることができるようにはなったが、高校における単位取得認定はまだ進んでいないのが実情である。

文部科学省の方針の変化は、各自治体の対応策にも影響する。公立高校入試で中学校時代に不登校だった子どもに対しては、中学校が提出する調査書（内申書）ではなく本人の自己申告書の提出を認める自治体も増えてきた。

不登校の子どもたちの数は二〇〇一年度には、一〇年前と比べて倍増し、小中学校合わせて一三万九〇〇〇人となった。その後増減はあったが、二〇一三年度（一一万九〇〇〇人）からは増加を続け、二〇一七年度は一四万四〇〇〇人である（文部科学省「学校基礎調査」より）。

少子化が進む中でも、不登校の子どもたちの数が減っているわけではない。不登校そのものを問題視するのではなく、学校を唯一の選択肢とせず、不登校状態にある子どもたちの権利を保障する政策へと、文部省・文部科学省や自治体施策も変化を見せざるをえなかったのである。そしてそうした方針転換を可能にしたのが、全国でＮＰＯ等が担っていた居場所やフリースクールという、子どもたちの学校以外の受け皿の存在だったのである。

5. 子どもの居場所活動が広がる——DV、障がい、被災者、外国人……

二〇〇〇年頃から、子どもたちをめぐる課題は、「不登校」に限らず、様々な形で噴出した。それに伴って子どもを支援するNPOも多様化した。

神奈川県で二〇〇三年に設立された「NPO法人神奈川子ども未来ファンド」（以下「子どもファンド」）は、県内で子どもや若者、子育てを支える活動を支援する中間支援組織である。主要な活動は、個人や企業から寄付を集め、それを、子ども、若者、子育てを支援するための場を運営する団体に助成することである。子ども、若者、子育てを支える活動がある中で、なぜ「場」を運営する団体を助成対象としたかというと、子どもや若者、子育て中の親にとって居場所の存在が重要だからだ。たまりばの西野さんは、みずから実践してきた居場所には「つながりを手に入れる」「様々な体験を通して世界（選択肢）が広がる」「自分を映し出す鏡としての他者の存在を知る」「生き方のモデルとなるおとなの存在に出会う」など、多様な意味があると言う。そのためにも、居場所では、子どもを無理やり既存の制度に合わせようとするのではなく、子どもの「いのち」のほうに制度やしくみを引き寄せていくことで、子どもの力を信じ、子どもが自ら伸びていこうとすることを邪魔しないことが必要であると言う。

しかし、その居場所を運営するためには、賃料やスタッフ人件費など少なからず経費がかかる。居場所のような活動の場合、その経費を賄うのが一苦労である。利用者から多額の利用料を得ることは無理だ。資金集めに奔走していたら、子どもや若者に向き合うことが十分にできなくなってしまう。

子どもファンドは、西野さんたちのたまりばや、横浜市で乳幼児と親の居場所を立ち上げた「NPO法人びーのびーの」、中間支援組織である「NPO法人まちづくり情報センターかながわ」など数団体が集まって設立した団体である。

二〇〇四年から公募と第三者機関の選考による助成を開始したが、その助成先、つまりは、応募してきた団体からは、NPOが取り組む子どもたちの居場所の多様化が見てとれる。

当初想定していた居場所は、不登校の子どもたちの居場所、ひきこもりの若者たちの居場所、孤立しがちな乳幼児と親子の居場所などだったが、助成を開始して何年かすると、障がいをもつ子どもたちの放課後の居場所、DVシェルターに母親とともに避難してきた子どもの居場所、虐待を受けるなど家には居場所がないが児童養護施設の対象外となってしまう一八歳以上の若年層の居場所、都市の中で自然とふれ合える子どもの居場所、そして急増したのが、外国とつながる子どもたちの居場所である。東日本大震災後には、被災地から避難してきた子どもたちの居場所というのもあった。

社会の中で、阻害され孤立し、のびのびと育つ権利や自尊感情さえも削ぎ取られてしまう子どもや若者が様々な形で存在すること、そして、こうした子どもや若者が安心して育ち、過ごすことができる居場所がいかに必要とされているかということも明らかになってきた。

行政もまた、子育てや子どもをめぐる問題を主要課題として取り上げるようになっていった。少子高齢化が加速し、少子化にどう歯止めをかけるかが大きな政策課題となるとともに、子どもたちが生きづらい状況や子育てが孤立化する状況が、いじめ、虐待、子どもの自死などという形で顕在化してきたのだ。びーのびーのが開設した「おやこの広場びーのびーの」をモデルに、厚生労働省は、全国でつどいの広場事業を開始した。不登校の子どもたちやひきこもりの若者たちを支援するＮＰＯと行政の連携も進んだ。企業や助成財団もまた、子どもたちを支援するＮＰＯへの助成を次々と掲げるようになった。

こうして、様々な状況に置かれた子どもたちを支援するＮＰＯと、そのＮＰＯを支援する行政や企業の取り組みは増えていき、社会の一定の理解は得られるようになっていったが、学校を中心とする日本の教育制度や、就労等で若者を受け入れる企業の風土が変わったかというと、そうでもない。社会からはじき出されそうになる子どもや若者を、ＮＰＯが必死に支える状況は続いた。

6. 子どもたちのセーフティネットが必要だ——二〇一〇年代に顕在化した子どもの貧困

二〇一〇年頃からは、「格差社会」「貧困」が日本社会の大きな問題としてクローズアップされるようになった。そして「子どもの貧困」という現象が現れてきた。

「子どもの貧困」というが、子どもが一人で貧困に陥るわけではない。その背景には必ず世帯の貧困がある。世帯に経済的余裕があるにもかかわらず、その世帯の子どもが困窮状態にあるとしたら、それは「貧困」ではなく「虐待」である。困窮世帯の増加が、困窮状態にある子どもの増加を招いている。そして世帯の困窮により、子どもたちは希望する教育が受けられなかったり、進学をあきらめざるをえないこともある。また親や親族を頼れない状態で、あるいは、幼い頃から他者との関わりが希薄な状態で社会に出ていかざるをえないこともある。ここに「貧困の連鎖」と言われる問題が生まれてくる。

社会全体が貧しかった時代と違い、今日の「子どもの貧困」はなかなか周りから気づかれない。衣服や文房具などは比較的安価に手に入る時代である。見た目だけで、困窮状態にあるかどうかはわからない。しかし、実は満足に食事をとっていなかったり、修学旅行や部活動に参加できるだけの経済的余裕がない世帯の子どももいる。子どもたちが自分から訴えることは難しい。子どもの貧困率は七人に一人になるというが、周りの大人が注意深く目をこらさないと、見過ごしてしまう。

「子ども食堂」という名称は二〇一二年に使われ始めたと言われるが、二〇一四年に子ども食堂の活動がNHKの番組で紹介されると活動は全国に広がった。子ども食堂は子どもたちにバランスのいい食事をおなかいっぱい食べてもらおうという活動である。困窮状態かどうかは問わない。子どもたちは誰でも無料もしくは安価で食事ができる。信頼関係ができれば子どもたちの状況もわかってくる。

児童養護施設で育つ子どもたちも、虐待の増加とともに増えている。こうした子どもたちも貧困のリスクを負っている。一八歳になれば、特別な事情がない限り、児童養護施設を退所して働いて生計を立てていかざるをえない。一八歳と言えば高校を卒業したばかりの年齢である。頼る身内もなく、児童養護施設にも戻れない状態で、社会に放り出されてしまうのである。

たまりばの西野さんは、子どもや若者を取り巻く状況がますます厳しくなってきていると指摘する。

神奈川県公立中学生の三〇人に一人が不登校としてカウントされている。子どもの暴力行為も小中高校の発生件数六万三三二五件であり、最も多いのは生徒間暴力である。小学生の暴力行為は、データを取り始めてから過去最高になった。子どもの暴力は低年齢化しているのだ。小中高校でのいじめの認知件数は四一万四三七八件、そのうち、小学校でのいじめは三一万七一二一件となっている。そして、小中高生の自死は一年間に三五七人、大学生・専修学校生とも合わせると、一年間に八一七人である。大人の自死は減っているが、子どもの自死は増加しているのである（文部科学省「平成二九年度児童生徒の問題行動・不登校等生徒指導上の諸課題に関する調査」より）。

7. 子どもたちへのメッセージ

「たまりば」は、発足からもうすぐ三〇年をむかえる。今ではフリースペースえん以外にも、川崎市からの委託事業として、困窮家庭の子どもたちの学習支援や若者の就労自立支援も行っている。

「子どもの『いのち』を真ん中に」を合言葉に「大丈夫だよ、生きているだけで素敵なんだ」というメッセージを子どもたちに発信し続けている。

神奈川県の公式インターネット放送局「かなチャンTV」は、二〇一七年に動画「今、学校にいきづらい あなたへ」を配信した。西野さんが、子どもたちに向けて「学校は、命を削ってまで行かなければいけない所ではない」とメッセージを投げかける動画である。大人たちには「大丈夫だよという眼差しを持った大人たちがそばにいるだけで、子どもには安心が広がっていく。たくさんの大人たちが『大丈夫のタネ』をまいていくことが大事」と呼びかける。

文部科学省は「不登校とは、多様な要因・背景により、結果として不登校状態になっているということであり、その行為を『問題行動』と判断してはならない。不登校児童生徒が悪いという根強い偏見を払拭し、学校・家庭・社会が不登校児童に寄り添い、共感的理解と受容の姿勢をもつことが。児童生徒の自己肯定感を高めるためにも重要であり、周囲の大人との信頼関係を構築していく過程が社会性や人間性の伸長につながり、結果として児童生徒の社会的自立につながることが期待される」という通知を出した。

文部科学省の姿勢も変わった。自治体もＮＰＯも子どもや若者の多様な居場所をつくるなど様々な取り組みをするようになった。しかし、それでもなお、子どもや若者を取り巻く状況は厳しい。命や生活が脅かされる状況は深刻だ。

8. ＮＰＯは社会の価値観を変え続ける

ＮＰＯは子どもや若者に寄り添いつつ、「大丈夫」のメッセージを発し続けている。このメッセージが一人でも多くの生きづらさを抱えた子ども・若者に届くことを願ってやまないが、実はこのメッセージをもっとも真摯《しんし》に受けとめなければならないのは、大人たちであり、社会そのものであることに私たちは気づかなければならない。社会や大人たちが、「大丈夫」のメッセージに応えられるように変わることこそ、子どもたちへの最良のメッセージになると思うからである。

不登校など様々な生きづらさを抱えた子どもたちへの眼差しは、社会や大人たちの価値観の表れである。不登校の子どもたちの居場所をつくり、生きづらさを抱えた子どもたちを支え、子どもたちの権利を守ってきたＮＰＯは、社会に対して価値観の転換を粘り強く発信してきた。そして少しずつ社会の価値観を変えてきた。その変化を止めてはならない。実践し、発信し続けることが大切なのだ。その先頭に立つのがＮＰＯなのである。

第7章　生活困窮者支援
――複合的な課題を抱える人たちを包摂できる社会をつくる

1. NPOなくして生活困窮者支援は見えてこなかった

生活困窮が社会の大きな課題として認識され始めたのは二〇一〇年頃からである。非正規労働の増加や格差の広がりで、一見普通に暮らしているように見えても生活困窮のリスクを抱える人が増えてきた。そこで国は、二〇一〇年度からのモデル事業の実施を経て、二〇一三年に「生活困窮者自立支援法」を制定した。それに基づいて二〇一五年度から「生活困窮者自立支援制度」がスタートし、全国の自治体で「生活困窮者自立支援事業」が実施されるようになった。

生活困窮とか生活困窮者という言葉は以前からあったが、その言葉が法律の条文に用いられたのは初めてである。経済的に困窮し最低限度の生活が維持できなくなるおそれのある人を、自立できるように支援しようというのが生活困窮者自立支援法の趣旨であるが、それまでの様々なNPOの活動があったからこそ、生活困窮から抜け出すためにはどういう支援の活動やしくみが必要なのかが見えてきたのである。

支援がめざすものは生活を維持できる収入の確保のみではない。「(社会的)包摂」である。職を失い、家を失うなど、貧困に落ち込むと、社会との関係が切れてしまう。そうなると身近に支え合える関係を失い、貧困から脱出することが困難になる。だから社会とのつながりをもつように促すことが重要である。社会の側に、多様な人を受け入れる場やしくみ、人々の意識も必要である。それが「(社会的)包摂」という言葉で表されるようになった。「(社会的)包摂」という概念も、貧困に対するNPOの活動が存在していたからこそ生まれたのである。

私は、二〇一〇年に横浜で、内閣府のモデル事業「パーソナル・サポート・サービスモデル事業」を実施するためのNPO連携に携わり、事務局を担当した。その頃、多くのNPOが生活困窮という問題にぶつかるようになっていた。生活困窮はNPOに共通する課題になっていたのである。生活困窮者支援に取り組むためには異なる分野のNPOが連携する必要があった。そこで私は、それまでに築いてきたNPOのネットワークを活かして、この事業に参画することにした。

この章では、私の活動経験を踏まえて、生活困窮者自立支援法の前後の横浜・神奈川の動きをふりかえってみよう。

2. 安定していたはずの仕事を失う——誰もが陥る可能性のある困窮の背景

貧困や生活困窮というと、お金もなく住む家もなく、路上生活をしているホームレスの人を想像するだろう。そしてホームレスの人たちと言えば、仕事をしようと努力しない人たちとか、そのような状態になったのは自己責任だと考え、関わらないほうがいいと思うだろう。しかし、それは間違いである。ホームレスになる前の彼らは、どこにでもいる普通の人たちだった。

「寿支援者交流会」の高沢幸男さんは、長年、横浜市中区寿町で野宿者の支援をしている。高沢さんは、浮浪者のイメージにつながる「ホームレス」という言葉は使わず、「野宿者」や「路上生活者」と表現する。野宿者を訪問し相談を受けたり、年末年始には越冬闘争、お盆には夏祭りをボランティアとともに行って、野宿者の生活を支えている。

高沢さんに野宿者について聞いた。

野宿者は、不安定な就労をしてきた人と思われがちだ。しかし、行政の調査では、野宿者（平均年齢五九・三歳）が一番長く務めた仕事は、常勤職員が五七・六％と半分以上で、日雇いなど不安定就労は一八・五％しかいない。野宿者になる直前の仕事も常勤職員だった人が四二％もいる。ということは、この人たちは普通に働いていたのに、ある日突然、野宿者になったということだ。

野宿者になった理由の八割は仕事がらみだ。「仕事が減った」（三四％）、「倒産・失業」（二七・一％）、「病気やけがで働けなくなった」（一九・八％）と、非自発的離職がきわめて多い。このことから、安定した仕事を失って、再就職がうまくいかずに野宿者になってしまったという人が多いことがわかる。

野宿者に対して、努力が足りないから仕事に就けないのだと言う人もいるが、現在は二〇代の半数が非正規雇用で働いていて、正社員でも長期雇用が保障されない。グロバリゼーションで工場が海外に移転してしまうため、単純労働などの仕事は減少している。年収三〇〇万円以下の人が国民の三分の一を占める時代に仕事に就けないのは、努力の問題ではなく社会構造の問題だ（数値は厚生労働省二〇一二年一月調査による）。

3. 個人史の聞き取りから見えてきたこと――寿支援者交流会の活動

高沢さんは、寿支援者交流会の活動を通して、様々な背景や事情を抱える野宿者と出会ってきた。

「野宿者に社会復帰しろと言うが、自分を追い出した社会に戻れというのは酷なことだ。やさしい社会に生まれ変わらない限り、社会に戻るのは過酷。その人が社会に戻ったとしても、次に誰かが排除される。イス取りゲームが厳然と存在している」。

このような過酷な状況の中でもたくましく生きている人もいる。

「野宿者の中には、マンションの管理人のゴミ分別を手伝ってアルミ缶をもらい、一キログラム一〇〇円ぐらいで資源回収業者に売っている人もいる。これも立派な労働だ。何件ものコンビニに頼み込んで、周辺の掃除をさせてもらい、余ったお弁当をもらう人もいる。二月のある日、公園の水道で体を洗っている人がいた。寒くないのと聞くと、寒いが体をきれいにしなくてはいけないと言う。今の仕事を年度末まで続けられそうなのだが、貧相な格好をしていて家がないとわかったらクビになる。だから体をきれいにしているのだと言った。生きるために必死な人がいる。野宿者に対する目線を変えないと支援はできない」。

寿支援者交流会では、二〇年間野宿者の個人史の聞き取りも行っている。雑談を交えながらその人の生活史を聞いて、ニュースレターで発信している。野宿者を、見かけだけで判断してもらいたくないからだ。また、状況によっては、さりげなく生活保護などを勧めてみることもある。

ある日の聞き取りは六〇代の男性だった。野宿生活を始めて一五年になるという。年金はあるが月八万円ほどなので、テントを張って路上で生活をしている。以前は資産もあったが、友人の連帯保証人になったことですべて失った。生活保護の相談に役所に行ったことはあるが、役所の対応に「行政は助けてくれない」と感じた。高沢さんは、年金との併用で生活保護を受給することもできることを伝えたが、男性は、一般の人に迷惑をかけたくないと言う。高沢さんは、生活保護は権利であり誰でも権利保障はされるべきであることや、人間は少しの迷惑をお互いにかけ合うものだということを伝えた。

ごく普通の生活をしていた人たちが、何かのきっかけで、ある日突然生活困窮状態に陥ることがある。その時たくましく生きる人もいれば、その状態から抜け出すことができずに半ばあきらめてしまう人もいる。生活困窮者支援は、彼らと目線を合わせて、その意思を尊重しながら孤立することのないように見守り、どのような支援が必要なのかを見極めることが必要である。

4. 様々な課題を抱える人への包括的支援の必要性
――パーソナル・サポート・サービスモデル事業開始

二〇一〇年度〜二〇一二年度の三年間、内閣府のモデル事業「パーソナル・サポート・サービスモデル事業」（以下、「ＰＳモデル事業」）が、全国で実施された。

生活困窮は、収入が少ない、お金がないといった経済的な問題と考えられがちだが、その背景には住まいの問題、就労の問題、家族の問題、精神保健の問題など、複合的な問題が絡まり合っていることが多い。「ＰＳモデル事業」は、生活困窮をはじめ、様々な生活上の困難を抱えた人から相談を受け、支援を行う事業である。

この事業が始まったのは、当時の民主党政権下で内閣府参与に就任していた、「反貧困ネットワーク」事務局長の湯浅誠氏の尽力が大きい。生活困窮の背景には様々な課題が複合的に絡まり合い、行政の縦割りの支援やＮＰＯ等民間の個々の支援だけでは解決が難しいため、「伴走型支援（寄り添い型支援）」、「包括的支援（ワンストップの支援）」、「継続的支援」が提唱された。

行政の縦割りの支援には弊害が伴う。例えば、介護サービスを利用している親を扶養している人が失業したとする。職も見つからず、貯金も使い果たしてしまったらどうすればいいか。経済的困窮は生活保護制度があるので、自治体の生活保護の窓口で相談することになる。職を見つけるのはハローワーク、老親の介護サービスについては地域包括支援センターに相談しなければならない。だがどこに相談すればいいか、行政の部署を的確に判断できる人はほとんどいないだろう。行政は行政で、それぞれの課の役割の範囲内では支援するが、その人が抱える他の課題は「担当が違う」と対応できず、せいぜい担当課を伝えるにとどまることが多い。そうこうしているうちに状況はますます悪くなっていく。

実をいうと、ＮＰＯも分野別に活動している。ホームレス支援、就労支援、高齢者の支援など、それぞれ行政では手の届かない支援を行ってはいるが、分野の違う活動を行っている団体どうしが連携することはあまりない。複合的な課題を抱えた人に対して、得意分野以外の支援はなかなかできないのが実情だった。

ＰＳモデル事業は、こうした縦割りの支援に対して、本人の困りごと全般を受け止め、その人に寄り添いながら包括的な支援を行い、問題の解決まで継続的に支援するというものだ。行政だけではなくＮＰＯ等の民間とも連携しながら、行政各部署と民間が連携した支援をすることをめざした。そのために、ＰＳモデル事業として、全国各地に相談機関が設置された。

二〇一〇年度に全国五か所から始まったＰＳモデル事業は、二〇一二年度には全国二九か所にまで増えた。そしてその多くが地元のＮＰＯ等に委託されたのである。

5. 横浜では多くのＮＰＯの連携が実現した

二〇一〇年一二月、横浜駅から徒歩数分のビルの一一階に「生活・しごと８わかもの相談室」が開設された。ＰＳモデル事業の初年度実施五か所のうちの一か所である。

横浜には、困難を抱える人を支援する多くの分野のＮＰＯがあった。ホームレス支援、ＤＶ被害者などの女性支援、在住外国人支援、若者就労支援、高齢者支援、虐待を受けた子どもたちの支援などである。複合的な困難を抱える人に対するワンストップの支援を行うためには、一つのＮＰＯだけでは対応できない。そのため、多様なＮＰＯが活動している横浜がモデル事業の候補地にあがったのである。

内閣府からＰＳモデル事業の打診を受けたのは、横浜で高齢者施設を運営する社会福祉法人と若者就労支援を行っていたＮＰＯ法人だった。ＰＳモデル事業を実施するためには市内のＮＰＯが連携できるかが鍵になる。そこで、長年、神奈川県内でＮＰＯ支援を行ってきた私に声がかかった。横浜で対人支援を行っているＮＰＯ等に声をかけて集まってもらい、この事業の必要性やどのような連携が可能かについて検討を重ねた。どの団体も複合的な困難を抱えた相談者が増える中で、一つの団体でできる支援の限界を感じていた。そこで、連携してＰＳモデル事業を受託しようということになった。

様々なＮＰＯ等の連携組織なので、当初は、任意団体「市民が創るヨコハマ若者応援特区実行委員会」を発足させ若者就労支援を行っていた「NPO法人ユースポート横濱」が代表団体となり、PSモデル事業を受託する形をとった。そして、生活・しごと∞わかもの相談室を開設した。

横浜で始まったPSモデル事業に参加したのは、対人支援を行っているNPOだけではない。自ら働く場づくりを行っているワーカーズ・コレクティブやワーカーズコープ、困窮者等への法的な相談や支援を行っている弁護士会・司法書士会なども協力団体に加わった。生活困窮や様々な困難を抱える人たちの中には、長い間働いていなかったり、職場の人間関係につまずきがちであったりと、一般企業での就労が高いハードルとなっている人たちもいる。そうした人たちを包摂できる、「働く場づくり」も支援に必要な要素だった。また、債務や労働問題などを抱え、法的な支援が必要な人も少なくなかった。考えられる問題や支援を想定し、数々の団体や機関に協力を呼びかけた。その結果、生活・しごと∞わかもの相談室は、三〇近い民間団体が連携する体制となった。

6. 生活・しごと∞わかもの相談室でのワンストップの支援

生活・しごと∞わかもの相談室は、月曜日から金曜日の一〇時~一七時まで、毎日一〇名程度の相談員が勤務し、電話相談や面談、訪問、行政や各機関への同行といった支援を行った。相談員のほとんどが非常勤だが、各分野のNPOから、経験豊富で専門知識をもつ人材が相談員として勤務した。アシスタントとして、若手の相談員も雇用し、人材育成にも取り組んだ。相談員とアシスタントと事務局スタッフ合わせて総勢三〇人が交代制で、相談に来る人たちの支援にあたった。一人の相談員が一人を担当するのではなく、相談者の状況に応じて、専門分野の異なる複数の相談員がチームを組んで一人に対応する「チーム支援」の体制をとった。私は、事務局長として相談者の状況に合わせて、相談員のチーム体制をサポートする役割を担当した。

例えば、相談内容が、職場を解雇され、会社の寮も追い出され、お金も尽きかけて、身寄りもないというものであれば、労働問題や雇用関係に詳しい相談員や協力弁護士が職場と交渉したり、雇用保険の失業給付の手続きの支援をしたりする。手持ちの金がなくなれば、ホームレス支援の活動をしてきた相談員が、緊急避難として生活保護の申請を手伝う。住む家を探す場合も、保証人となる親族等がいなければなかなか借りられないが、住まいの支援をしてきた相談員が、市内の不動産業者とのネットワークを活かして、保証人なしで借りられる物件を見つけだす。相談者がメンタル面での課題を抱えているようであれば、臨床心理士の資格をもつ相談員が対応し、医療機関や検査機関につなぐ。心身の状態や生活が落ち着き、就労を考える段階になれば、キャリア・コンサルタントの資格をもつ相談員が相談にのったり、ワーカーズ・コレクティブ等で就労体験を行いながら適性を探ったりする。

相談者一人ひとりが抱える複数の課題やニーズに対して、一か所の相談室で、それぞれの課題に対応できる専門性や経験をもつ相談員が対応する。相談員同士が情報共有したりカンファレンスを行うことで、相談者の状況や支援経過を、自分の専門領域以外も含めて全体的に把握していった。

生活・しごと∞わかもの相談室が認知されてくると、近隣自治体からの相談も増えた。また、自治体の生活保護担当部署、障害福祉の部署、高齢福祉の部署、児童相談所などから、「こういう人の支援に協力してほしい」という要請も増えた。教員が、生徒の世帯が抱える生活困窮等の問題で相談してくることもあった。

縦割りの行政機関では、複合的な問題を抱える人に対して包括的に対応することは難しい。ＮＰＯも、単独では支援できる領域が限られている。ＰＳモデル事業によってＮＰＯが連携し、行政や関係機関とも協力することで、一人ひとりに包括的に対応するワンストップの支援が可能となった。

こうして、横浜のPSモデル事業は、実施期間の二〇一〇年一二月~二〇一三年三月の二年四か月で約八〇〇人を支援した。二〇一一年一〇月には、PSモデル事業で連携しているNPOが中心になって、生活困難者を包括的に支援する「一般社団法人インクルージョンネットよこはま」を設立し、私自身も理事として運営に携わることとなった。二〇一二年度のPSモデル事業はインクルージョンネットよこはまとして受託した。

7. パーソナル・サポート・サービスモデル事業の打ち切り

二〇一三年三月、PSモデル事業は三年間のモデル事業を終えた。各地で実施されたモデル事業もそれぞれ成果を出していた。個人や世帯が抱える複合的な課題に寄り添いながら支援することの必要性や効果は、十分実証できた。特に横浜でのPSモデル事業は、複数のNPOが連携し、行政の様々な部署や機関とも連携する横串の連携モデルとして注目を集めた。しかし、モデル事業の終了から制度への移行はスムーズには進まなかった。二〇一二年一二月の衆院選で民主党は自民党に敗れ、政権は自民党へと移った。この政権交代で、国の二〇一三年度予算編成は大幅に遅れ、PSモデル事業も二〇一三年度以降はどうなるのかわからないまま、二〇一三年三月末を迎えてしまった。

モデル事業を実施していた自治体の多くは、独自に予算を組んだり、他の国庫補助金を活用するなどして、何らかの形でPSモデル事業を継続した。支援途中の人たちがいる以上、いきなり支援を打ち切ることはできなかったからだ。しかし横浜市は、モデル事業の終了をもって生活・しごと８わかもの相談室を閉鎖し、事業を終了することを決めた。二〇一二年末で支援継続中の人は四〇〇人いたが、その人たちを既存の行政や民間の支援機関に引き継ぐというのが横浜市の方針だった。しかし、既存の分野別の支援機関では支援できない、複合的な課題を抱えた人を支援してきたのがＰＳモデル事業である。その人たちを既存の支援機関に引き継ぐことには無理がある。

横浜市からＰＳモデル事業を受託していたインクルージョンネットよこはまは、利用者からの「支援を終了しないでほしい」という切実な訴えを受けて、横浜市に再三にわたって事業の継続を働きかけた。利用者も横浜市に「何とか今の支援を続けてほしい」と訴えかけたが、横浜市の決定は覆らなかった。

そこで、支援途中の人たちの状況を一人ひとり確認し、切迫した状況をある程度脱している人たちは、他の機関に引き継いだ。相談員は、連日担当する利用者と話し合い、今後の支援を頼める機関に連絡した。利用者に同行し、本人の了解を得てこれまでの支援経過を伝え、今後の支援を託すという作業を一人ひとりに行ったのである。私は、相談員に引き継ぎの進捗状況を確認し、四〇〇人のリストに記録していった。支援の継続が必要であるにもかかわらず、先の見通しも立たないままに支援を終了する人がいてはならなかった。こうして四〇〇人中三〇〇人は、他機関への引き継ぎや支援終了が可能となったが、一〇〇人はどうしても引き継げる他機関が見つからなかった。そこで、この一〇〇人については、インクルージョンネットよこはまが自主事業として引き継ぐことにした。行政からの財政的支援もない中で小さな事務所を借り、相談員も事務局もほぼボランティアで支援を継続したのである。

8. 生活困窮者自立支援制度が始まった

PSモデル事業と並行して、二〇一二年には国の社会保障審議会に「生活困窮者の生活支援の在り方に関する特別部会」が設置され、二〇一三年一月には報告書がまとめられた。そして、二〇一三年秋の臨時国会で生活困窮者自立支援法が成立し、二〇一五年四月に施行され、生活困窮者自立支援制度がスタートした。生活困窮者自立支援制度は、PSモデル事業を引き継ぎつつも、政権交代によりその性格を異にしていた。

PSモデル事業を引き継いだ点は、縦割りの支援ではなく包括的な支援、断らない支援の実施が必要ということ。PSモデル事業は内閣府で実施されていたが、生活困窮者自立支援制度は厚労省に所管が移った。厚労省はPSモデル事業の包括的支援の必要性を強く認識していた。

PSモデル事業との違いは、シンボル的な「パーソナル・サポート」という言葉が消えたことである。そして、PSモデル事業の対象者は、生活困窮以外にも複合的な課題を抱える人たち全般だったが、生活困窮者自立支援制度のの支援の対象者は、「生活保護に至る前の生活困窮者」と生活困窮者に焦点が当てられた点である。「生活保護に至る前の段階」に対象が絞られ、すでに生活保護を受給している人や世帯への支援は、生活保護の担当部署が行うため、原則として生活困窮者自立支援制度の支援対象ではないとされた。困窮者支援を行っている団体からは、生活保護受給を遮る水際作戦の一つではないかとも言われた。

二〇一五年度から、各自治体（福祉事務所設置自治体。町村部は除く）は生活困窮者に対する自立相談支援事業を必須事業として実施することとなった。また、任意事業として、生活困窮世帯の子どもたちの学習支援事業（その後「学習・生活支援事業」）、就労準備支援事業、家計相談支援事業（その後「家計改善支援事業」）などを行うことができた。国庫補助は、必須事業、任意事業それぞれ四分の三～二分の一となった。こうして、二〇一五年度から生活困窮者自立支援制度が始まり、ＰＳモデル事業を担ってきたＮＰＯ等は、生活困窮者自立支援制度の担い手へと移行することになった。

神奈川県は、二〇一三年秋の法制定後すぐに、「生活困窮者自立相談支援モデル事業」を開始し、インクルージョンネットよこはまが、二〇一三年度、二〇一四年度と、神奈川県のモデル事業の一部を受託することになった。

ＰＳモデル事業は、横浜市の事業であったが、近隣自治体からの利用者もおり、神奈川県も注目していた。ＰＳモデル事業が打ち切られてから、インクルージョンネットよこはまは、神奈川県に対してもＰＳモデル事業を引き継げる事業を要望してきた。神奈川県は生活困窮者自立相談支援モデル事業を開始するため、プロポーザルで実施団体を公募した。インクルージョンネットよこはまは、この県のプロポーザルに応募し、神奈川県社会福祉協議会と二団体で分担して実施することとなった。

9. 生活困窮者自立支援制度には官民連携が不可欠

二〇一三年の法制定後、各自治体は、二〇一五年度からの生活困窮者自立支援制度の開始に向けて準備を始めた。町村部は県が実施機関となるが、政令市と一般市は、少なくとも必須事業である生活困窮者自立相談支援事業を行わなければならない。行政が直営で行うか、民間に委託して行うか、方法はそれぞれの自治体に任された。

神奈川県内では、自立相談支援事業を民間に委託する自治体は少なかった。多くの自治体が、生活保護の担当窓口の近くに、生活困窮者自立相談の窓口を設置する方式をとった。また、委託したとしても社会福祉協議会などの準公共団体を活用する自治体が多かった。その中で、川崎市と鎌倉市は「自立相談支援事業」を民間に委託した。インクルージョンネットよこはまは、鎌倉市から自立相談支援事業を受託することとなり、名称も「一般社団法人インクルージョンネットかながわ」に変更した。

自立相談支援事業を行政が直営で実施することは、メリットとデメリットの背中合わせでもある。行政が直営で実施するため、行政内の連携が図りやすいというメリットもあるが、自立相談支援事業の担当部署という新たな縦割りの部署ができただけになってしまうというデメリットもある。また、民間との連携が不可欠な事業なので、各自治体がこの事業の趣旨をきちんと理解し、これまでの縦割りを打開して取り組むことが不可欠となる。実際、制度が運用されて以降、これまでの縦割り行政の延長線上の域をそれほど出ていない自治体もあれば、この制度をチャンスととらえて庁内連携を推進し、地域のNPOとも協力し合い、包括的な支援を実現しようとしている自治体もあった。

自立相談支援事業を経験豊富なNPO等に委託することで、NPOがもつ専門性を活かした支援や、NPOのネットワークを活用した支援も可能になる。しかし、行政の担当部署がNPO等に任せきりにしていたのでは、有効な支援はできない。行政の担当部署が、行政内の他部署との調整をしっかりと行えるかどうかが、縦割りを排した支援として機能するかどうかの鍵となる。

実際に、自立相談支援事業を受託して実施していると、行政の多くの部署や関係機関との連携の重要性を日々感じる。手持ちのお金がまったくなければ生活保護の部署につなぐことが必要であるし、障がいがあれば障害福祉の担当部署、介護が必要な高齢者がいる世帯への支援は高齢福祉の担当部署と一緒になって支援する必要がある。住民税や国民健康保険料などの滞納があれば、徴税部署や国民健康保険の部署に分割納付などの相談に乗ってもらうことが必要である。子どもの養育が困難であったり、虐待が見られる世帯ならば児童相談所とも連携する。就労についてはハローワークとも連携し個別に相談に乗ってもらうようにする。個別の事情を考慮しながら、行政の各部署や関係機関と相談し合うことで、具合的な連携が図られていくようになる。

モデル事業が制度化されることで、全国どこでも誰でも支援を受けることが可能になった。他方で、制度がつくられた背景や理念が十分理解され、その趣旨にのっとった運用がなされないと、制度は生きてこない。制度は、それを生かそうとする努力やノウハウが必要になるのである。

10. ネットワークの広がり

二〇一七年、インクルージョンネットかながわは、神奈川県内の生活困窮者等への支援を行っている四団体とともに「かながわ生活困窮者自立支援ネットワーク」（通称：かなこんネット）を立ち上げた。同時に、神奈川県が実施している「かながわボランタリー活動推進基金21協働事業負担金」に応募し、神奈川県と協働で「かながわ生活困窮者自立支援ネットワークの形成」事業を開始した。神奈川県から負担金（補助金）の交付を受けて、神奈川県の生活困窮者自立相談支援制度の担当課である福祉子どもみらい局福祉部生活援護課と協力して、ネットワークづくりに取り組むことになった。

かなこんネットは、生活困窮者自立相談支援制度がどの地域でも効果的に運用されるためには、行政の各部署と民間のＮＰＯ等が連携できる土壌や、必要な支援のノウハウを共有していくことが必要だと考えた。そこで、県内の生活困窮者支援をはじめとして多様な分野で対人支援を行う団体のネットワークづくりを行った。そして、神奈川県生活援護課は、県の各部署と県内自治体に呼びかけて、官民の連携による生活困窮者の包括的な支援を進めていった。

今日、社会状況の変化や地域性を背景に多様な課題が顕在化しつつある。例えば、子どもの貧困である。子ども自体に収入の格差があるわけではないので、子どもの貧困とはその世帯の貧困である。そして貧困家庭の子どもが、教育機会や親が抱える困難に巻き込まれ、大人になっても貧困状態から抜けだせない貧困の連鎖も課題となっている。

高齢の親と、ひきこもりの中年層の子の世帯の問題も顕在化してきた。ひきこもりと言えば若者の問題と考えがちであったが、四〇代、五〇代でひきこもり状態にある人たちも多いということがわかってきた。そして、同居する高齢の親の年金のみが、親子の生活を経済的に支えているケースも多いのである。このような世帯の問題は、親の年齢と子の年齢にかけて８０５０《はちまるごーまる》問題と言われる。高齢の親が亡くなれば、子は即、困窮状態になるリスクがある。何年も働いていない状態で、すぐに就職して働くということも難しい。年齢的にもキャリアの面でも、就職は簡単ではないだろう。何より社会生活や対人関係にすぐには適応できない。地域の中で人と関わっていくことや、就労体験を通して就労の道を模索することが必要となる。ひきこもりの背景に発達障がい等の生きづらさを抱えているのであれば、福祉での対応を考えなければならない。

こうした様々な問題の解決には、ＮＰＯだけでなく、社会福祉法人、医療機関、企業などいろいろな機関の取り組みが必要となってきた。行政も、福祉分野を越えて、教育や住宅など、より広範囲な分野での連携が必要になってきた。かなこんネットでは、困難を抱えたときに相談できる行政と民間の機関を掲載した「かながわ生活応援サイト」を開設するとともに、県内自治体とＮＰＯが一堂に会して意見交換できる「場づくり」を行っている。

11. 社会的孤立の解消へ――支援の先に求められる地域の包摂力

生活困窮状態に陥ってしまう背景には、もろもろの課題が存在している。生活困窮者支援は、一人ひとりの状況に応じて、絡まり合った課題を解いていく支援である。それは、就労支援であったり、住まいの確保であったり、障害者手帳の取得や障害福祉サービスや高齢福祉サービスにつなぐことであったり、債務整理であったりと様々なのだが、こうした課題を一つひとつ取り除いていっても、なお残る課題がある。社会的孤立の問題だ。

そもそも、生活困窮は社会的孤立と表裏一体の問題である。わずかな年金収入しかない高齢者であっても、経済面や生活面で支えられる家族がいれば生活困窮とは言わない。頼れる家族や親族がいない単身者であっても、地域に支えてくれる人がいたり、福祉サービスとつながっていれば、生活困窮状態に陥る前に相談して手を打てる可能性もある。

そのような家族・親族や地域の支えが困難な社会的に孤立した状態にある人ほど、生活困窮状態に陥りやすく、目の前の課題を解決しても、将来的な生活困窮のリスクは解消しない。個人だけでなく、世帯として孤立している場合もある。

生活困窮者支援は、生活困窮者を生みだす社会構造の問題に取り組むこと、ソーシャル・キャピタルをどのように築いていくかという問題に取り組むことでもある。行政の諸制度を活用したり、NPOが寄り添って問題解決にあたるだけでは、不十分なのである。地域で暮らしていくうえで見守り合ったり、支え合ったりできる関係や場をつくっていくことが必要となる。

すでに地域では、様々な動きが生まれている。子ども食堂は、生活困窮世帯の子どもに食事を提供することだけが目的ではなく、子どもたちが安心して過ごし、何でも話せる場や人間関係づくりも目指している。生活困窮世帯の子どもの学習支援は、勉強をして貧困の連鎖を断ち切るという目的と同時に、子どもの居場所機能も期待されている。ひきこもっていた人たちの居場所、高齢者の居場所、多世代が過ごせる居場所など、様々な居場所機能をもった場がつくられつつある。このような居場所と、支援機関や行政が日頃からやりとりできる関係を築くことも必要だ。人々の生活圏に居場所があり、居場所へと人々をつなぐことが、生活困窮者支援の重要な要素になりつつある。

今日の社会では、多くの人が困窮と無縁とは言えなくなっている。目の前の生活困窮者への支援も不可欠であるが、社会の仕組みの改革と、地域の包摂力を育むことが求められている。

第8章　ＮＰＯは行政の下請けではない

――ＮＰＯと行政の関係を問い直す

1.　市民と行政の関係――上下関係か対立かの時代

「市民と行政の協働」あるいは「ＮＰＯと行政の協働」という言葉が自治体やＮＰＯの間で頻繁に使われるようになったのは二〇〇〇年前後からである。現在では、自治体の計画や施策の多くに、このスローガンが掲げられている。「協働」の意味については後述するが、言葉を見るだけでも「協」力して「働」くという良好な関係を意味していることは推察できるだろう。

一九八〇年代までは、市民と行政の関係は「協働」とは程遠いものだった。戦前の日本では、行政は一般市民にとって「お上」という逆らうことの許されない存在だった。官と民の関係は「官尊民卑」だった。官が偉くて、民は官に従うべき存在だった。戦後の民主主義体制となって、行政は公僕と位置づけられた。しかし戦後もなお官尊民卑のなごりは根強く残ったのである。多くの市民は、行政が決めたことには逆らえないと考え、行政（というより行政職員）もまた市民を指導・監督する立場にあるという意識が残っていた。

官と民の関係は少しずつ変わってきた。その第一歩は一九四五年から五一年にかけて、占領期における戦後改革だった。この時期に、国家と国民、政府と議会、中央政府と自治体などの関係が根本的に変化した。第二期は、市民参加の運動が盛りあがった一九六〇年代後半からの時期である。地域でふつうの市民が自発的に立ち上がったから「草の根民主主義」とも呼ばれたが、その多くは抵抗型の運動だった。公害反対運動、開発反対運動（自然保護運動）、平和運動・基地反対運動などである。ふつうの市民が集まって、行政に対する異議申し立てを行ったのである。行政にたてつく市民の運動であった。

もちろん市民は行政にたてつくことが目的で運動を起こしたわけではない。安全で安心できる生活を求めて、また、平和や人権という普遍的な価値の具現化を求めて行動を起こしたのであったが、それが当時の行政施策と一致しない場合は、結果として異議申し立てとならざるをえなかったのである。それ自体は民主主義社会における市民の権利でもあり、市民が社会の意思決定に携わる直接民主主義の第一歩でもあった。

お上意識が根強く残る社会にあって、市民の権利とは言え、行政に異議申し立てをする市民の集団は、行政（行政職員）にとっては決してありがたい存在ではなかったし、やっかいものであった。こうした運動に加わらない従順な市民にとっても、市民運動に加わる人たちは、行政にたてつく人たち、過激な人たちと受け止められがちであった。

一九六〇年代後半から、当時の日本社会党や日本共産党が推す首長候補が当選し、東京都、大阪府など、革新自治体が全国で増えた。これらの革新自治体では、草の根の市民の声を受けて、公害や開発に対する規制を行ったり、福祉の充実を図ったり、市民参加の制度の導入を試みたりした。国に追随する姿勢を捨てて、市民生活を優先する姿勢に舵をきったのである。神奈川県内の例をあげると、初期には横浜市の飛鳥田一雄市長（一九六三年〜一九七八年在任）は、「一万人集会」や「区民会議」を構想し、市民参加を推進しようとした。一九七〇年代に入ると、川崎市の伊藤三郎市長（一九七一年〜一九八九年在任）が、公害の町と言われた川崎市で公害防止条例を制定し公害規制に本格的に取り組み、全国での先駆的役割を発揮した。長州一二神奈川県知事（一九七五年〜一九九五年在任）は「地方の時代」を提唱した。

革新自治体の登場によって、自治体職員の気質にも変化が生じた。首長が自ら市民参加や市民との対話に力を入れて、市民生活を優先した政策を打ちだしているのであるから、職員もこれまでのやり方を変えざるをえない。革新首長の政策に共鳴する職員も増え、自治体行政の意識もまた変わっていったのである。

しかしたとえ市民の運動に理解があっても、反対運動で攻撃される行政職員の気持ちは複雑だっただろう。市民に対して行政の立場で説明すると、市民からは攻撃される。と言って行政としての施策である以上、担当職員の一存でどうにかできることではない。行政という組織と市民運動の板挟みになった職員も少なくなかった。大多数の職員からすると、市民の運動や活動というのは、関わりたくないものとなってしまっていたのである。

こうした、市民と行政の対立構造に変化が見られるようになったのは、一九九〇年代になってからである。

2. 対立から協働へ――ＮＰＯと行政の関係が変化した一九九〇年代以降

一九九〇年代に入ると、市民の活動に対する見方が変わった。公益的な事業やサービスの担い手として注目されるようになったのである。行政も市民活動やＮＰＯを支援の対象としてとらえるようになり、ＮＰＯ法（特定非営利活動促進法）が成立する一九九八年前後から、自治体は、市民活動やＮＰＯに関する施策を次々と打ちだした。市民活動やＮＰＯに対応する部署（市民活動支援課等）を設置し、市民活動やＮＰＯを支援する条例（市民活動支援条例等）をつくり、市民活動支援センター等の施設や助成制度をつくるようになった。

さらに、二〇〇〇年代に入ると、ＮＰＯと行政の関係の理想的な概念として「協働」「パートナーシップ」という言葉が広く普及する。

もともとＮＰＯは、資金調達や活動拠点の確保、広報の手段などにたいへん苦労していた。だからＮＰＯが無料もしくは低料金で利用できる市民活動支援センターができれば、ＮＰＯはそこでミーティングや講演会を行うことができる。広報紙の印刷などもできる。活動拠点になるわけである。それゆえ行政がＮＰＯを支援する施策を打ちだすことは有益である。

しかし行政とＮＰＯの関係が、支援する側と支援される側という一方向の関係かというとそうではない。ＮＰＯが活動することで、行政には手の届かない社会的な支援やサービスが生みだされることもある。本来は行政の責任で行うべきであっても法制度が整備されておらず行政では対応できていないことをＮＰＯが先駆的に取り組んでいることもあった。ＮＰＯと行政は、立場は違うが、両者とも公益の担い手として活動しているのである。手法は違うが目的は同じということも多い。法制度を運用する行政と、民間の立場で柔軟に社会や地域の課題に対応できるＮＰＯ。それぞれが単独で課題解決に取り組むより、両者が協力し役割分担しながら取り組むことで課題解決が図られることも多いはずだ。そうしたＮＰＯと行政の関係のあり方として「協働」という概念が生まれたのである。「協働」は、性格の異なる組織どうしが、目的を共有し合い、対等な関係で、お互いを尊重し合いながら協力することを意味している。

セクター論も「協働」を後押しした。それまでは経済活動を公的部門（行政セクター）と民間部門（企業セクター）の二つに分ける考え方が主流だった。ところが一九九〇年代になると、行政セクターと企業セクターに民間非営利セクター（NPOセクター）を加えて、三つのセクターに分ける考え方が主流になった。非営利セクターの国際比較を先導してきたレスター・サラモンの著書が紹介されたのは一九九〇年代中頃のことだった。従来公共サービスは行政が担うものと考えられてきたが、市民や民間も公共的なサービスの担い手となりうるという「新しい公共」の概念が生まれた。「新しい公共」は、公共サービスにとどまらず、公共概念の創造も含まれるのであり、NPOはその象徴だった。NPOセクターには「新しい公共」の担い手として、社会課題の解決や社会変革が期待された。そしてそのためには、NPOセクターのみが取り組むのではなく、NPOセクターと行政セクター、NPOセクターと企業セクターといったセクター間連携が不可欠であるとも考えられた。

このころから市民と行政の関係は、NPOと行政の関係に置きかえられて論じられることが多くなった。

一九九九年に横浜市が策定した「横浜市における市民活動との協働に関する基本方針（横浜コード）」は、「協働」を定義づけた先駆的な試みとして全国の自治体、NPOから注目され、協働の理念の普及に拍車をかけた。横浜コードでは、協働を進めるための六原則として、「対等の原則」「自主性尊重の原則」「自立化の原則」「相互理解の原則」「目的共有の原則」「公開の原則」を明らかにした。

「協働」の理念はあっという間に普及したが、問題は、「協働」の方法だった。例えば、NPOと行政が協働して何かに取り組む場合、その費用はどちらが負担するのか。行政は数多いNPOのどのNPOと協働するのか、「行政」とは自治体行政の場合、その総体なのか、取り組む内容を担当する部署なのか、そうした方法論が必要だった。前述の横浜コードでは、税金という財源をもつ行政が費用を負担する「補助」「助成」「委託」などが、協働の方法として示されていたが、従来から存在する補助・助成・委託との違いまでは明らかにされていなかった。

3. ＮＰＯと行政の協働をどのように進めるか――協働事業

ＮＰＯと行政の協働の具体的方法を早くから模索し実施したのは、横浜市や神奈川県だった。横浜市では、一九九六年度から一九九八年度にかけて市内一八区で「パートナーシップ推進モデル事業」を実施し、横浜市の「環境まちづくり協働事業」や「ヨコハマ市民まち普請事業」「協働事業提案制度モデル事業」などへとつながっていった。神奈川県では二〇〇一年に「かながわボランタリー活動推進基金21」という基金を設置し、この基金を使った「協働事業負担金」という制度を開始した。協働事業を制度化したのである。こうした先行施策は、全国的にも注目され、その後「協働事業」は全国の自治体の施策として普及することになる。

「かながわボランタリー活動推進基金21協働事業負担金」は、神奈川県がＮＰＯに対して、協働事業を募集し、ＮＰＯが県と協働で実施したい事業の提案を行う。ＮＰＯからの提案は、県の恣意的な判断（社会的には必要とされていても、県としては取り組みたくない提案を対象外とするような判断）を避け、県とＮＰＯの協働事業として実施すべきかどうかを公正な立場で判断できるように学識者等による第三者機関で選考する。そして、選考の過程で、ＮＰＯの提案事業に対して協働するのは県のどの部署かも明らかにしていく。ＮＰＯは行政の縦割りに則して活動しているわけではないので、協働する県の部署も一つとは限らない。複数の部署が協働相手となることもある。採択されたＮＰＯに対しては、県が一〇〇〇万円を上限に負担金を交付する。

このかながわボランタリー活動推進基金21協働事業負担金が開始される時もひと悶着あった。神奈川県がこのような基金を設置し協働事業を募集するということを、県内のＮＰＯは新聞報道で知ることになった。ぜひ推進してほしい内容だったが、協働事業のしくみづくりを県だけで考え、決めて、発表するというのはいかがなものか、ＮＰＯと行政の協働のしくみであればこそＮＰＯとの議論を踏まえて具体化する必要があるのではないか、と県内のＮＰＯ支援組織が共同で県に申し入れを行った。結果的に、県は初回の募集を遅らせて、ＮＰＯと公開協議の場をもち、協働事業の対象や選考のあり方の詳細などを検討することとなった。

そうした議論の結果、協働事業負担金の対象となる事業は次のような要素を合わせ持つ事業となった。

・団体が県や関係者とネットワークすることで、単独で行うよりも効果的に課題解決が図られる事業

・地域社会の課題に対して、協働事業の中で、団体の先駆性が活かされる事業

・県としてすぐに本格的な実施はできないが、地域社会にとって必要な公益事業で、関係者の協力により実験的な実施が求められる事業

・今後の行政の取り組みにインパクトを与えることが期待される事業

以上の要素が掲げられたことの意義は何かと言えば、ＮＰＯと行政が、すでに課題認識を共有しているテーマに取り組むことにとどまらず、ＮＰＯからの政策提案の要素も含んだことであった。こうして里山や河川の保全、在住外国人への医療通訳や学習支援、ひきこもりの若者たちへの支援、ギャンブル依存症からの回復支援など、行政施策としてはまだ未整備だった分野の事業が、ＮＰＯと行政の協働事業として試みられることになり、県の施策に反映されていったのである。

4. 協働事業の事例——片倉うさぎ山プレイパークのうさきちハウス

そもそも「協働事業」というものが、NPOと行政がすでに同じ目的で、同じような事業に取り組んでいることを協力して一緒にやりましょうという範囲にとどまるのであれば、別々にやるよりは効果はあるかもしれないが、社会的に大きな影響力はもたない。行政が取り組むべき課題であるかもしれないが、まだ社会的に十分認知されておらず、それゆえ行政としては取り組みにくい課題や、NPOにはノウハウがあるが、行政にはノウハウが蓄積されていない取り組みなどを協働事業として実施することで、行政にとっては実験的実施となり、事業の効果の検証もできる。その後行政施策として展開するかどうかの検討に資することもできるのである。「協働事業」はNPOの政策提案の要素を含むことで、社会や地域を変革したり新たなシステムを創出する社会的インパクトをもつことにもなるのである。

さらに協働事業においては、NPOと行政がそれぞれどのような役割を担うのかということも重要である。目的を共有したからといって、単に行政はお金を出し、NPOが実施するということでは協働とは言えない。それだけでは従前からある補助事業や助成事業と内実は変わらない。

横浜市が二〇〇五年度から実施している「ヨコハマ市民まち普請事業」は、地域のハード整備に関する提案を募り、採択された提案に対して上限五〇〇万円の整備費用を交付する事業である。提案は市民の組織（NPOでも自治会等の地域組織でも少人数のグループでもかまわない）が行い、第三者機関が提案の必要性や実現性、地域の人々の合意形成の状況や参加度によって選考する。選考は二度のコンテストによる公開選考である。ハード整備の事業であるが、地域住民が地域を自分たちの手で「普請」することで、地域のコミュニティ形成を進めていこうとする事業である。

二〇〇七年度にヨコハマ市民まち普請事業に採択され、二〇〇八年度に整備された「地域のコミュニケーション基地『うさきちハウス』づくり」事業は、横浜市神奈川区にある「片倉うさぎ山プレイパーク」に小さな小屋（うさきちハウス）をつくり、小さな子どもと親たちが休憩したり話をしたりできる場とプレイリーダーの事務作業の場としてのハウスがほしいと提案されたものだった。提案した地域住民のグループは、この整備に対する近隣住民の合意形成を図り、住民も整備作業に参加してハウスの整備を行った。他方、担当課の横浜市都市整備局は、このハウスを実現するために横浜市の要綱を見直すこととした。既存の要綱では、公園内に建物を建てることはできたが、その規模が決まっており、提案されたハウスは小さすぎたのだ。この要綱に照らす限り住民の提案は実現できない。そこで、都市整備局は、公園を所管する緑政局（当時）や環境創造局（当時）と調整し、新たに「プレイパーク管理棟設置要綱」を制定した。これによって、住民が望む施設整備が実現したのである。

この例は、住民ができること、行政ができることを、それぞれが真摯に実行した協働事例だと言える。こうした役割分担があってこそ、それぞれだけではできないことが実現するのである。NPOは賛同者が集まった組織であるが、地域で異なる意見をもつ住民も含めた合意形成をしなければならないこともある。行政は制度や組織改革に踏み込まざるをえないこともある。「制度がこうなっているからできない」ではなく、「実現するために制度をどう変えればいいのか」という発想の転換が必要になる。協働は、NPOと行政が協力することでそれまでできなかったことができるという大きな可能性はあるが、そのために、それぞれが自己改革や新たな努力をすることも必要となるのである。

5. 委託事業は協働事業と言えるのか

かながわボランタリー活動推進基金21協働事業負担金事業が開始されたのをきっかけに、多くの自治体で、公募と第三者機関による選考を基本としたNPOと行政の協働事業が創設されるようになった。さらに、補助や助成や、委託事業についても、NPOと行政の協働事業の一つの手法として実施されることが増えてきた。

委託と補助・助成は、本来、その性格が大きく異なる。委託というのは、事業の実施主体は委託する側である。委託費を支払い受託者に事業の実施を委ねるのであるが、主導権は委託者側にある。補助・助成は、事業の実施主体は補助や助成を受ける側である。補助・助成をする側は、実施主体の事業を支援するために資金を提供するのである。行政がNPOに事業を委託するということは、行政が責任をもって行うべき事業の実施をNPOにやってもらうという意味合いになる。行政がNPOに補助あるいは助成するということは、NPOが自ら実施する事業に対して行政が支援するという意味合いになる。かながわボランタリー活動推進基金21協働事業負担金では負担金という言葉が使われているが、性格は補助・助成に近い。協働で事業を行う際の資金を、県行政が協働の相手先のNPOに提供するということである。

協働事業が増えるにつれ、NPOと行政の距離はより近づき、相互理解も進み、NPOと行政がそれぞれの特性を生かして課題解決に取り組む事例が増えた。

その一方で、「協働」「協働事業」という言葉だけが先走りし、協働の本来の理念を具現化しようとする努力がないがしろにされていく状況も否定できなかった。

そのもっとも顕著な例が、協働の名のもとでのＮＰＯの下請け化である。協働の大事な要素の一つに、「対等性」がある。しかし、委託も協働の一形態だとして、行政からＮＰＯへの事業委託が増え、そのことで対等性が損なわれていったのである。

委託契約では、どうしても委託者（行政）が受託者（ＮＰＯ）より優位になる。だから委託契約は、本来「対等性」を基本とする協働事業には適さない。このことはＮＰＯと行政の協働を進めるうえでしっかり認識しておかなければならないことだ。委託契約においては、委託する内容（仕様書）や金額は委託者が決める。受託者がもっと効果的なやり方があると考えても、委託者が決めた仕様に従うのが委託契約である。受託者は、委託内容や委託金額に十分納得できなくても、甘んじて受け入れて契約するか、さもなければ契約しないという選択肢しかない。さらに委託事業の成果や成果物は委託者に帰属するのが一般的だ。ＮＰＯの実績はあくまでも受託したということにとどまる。

自治体によっては「協働契約」を取り入れたり、委託契約と並行して「協働協定書」を締結することで、事業内容を双方の合意で決めたり、事業の実施過程においても協議しながら進めるようにしたり、成果を両者に帰属させるなど、対等な関係を担保する工夫がされている。しかし、なぜ委託契約のみでは不十分なのかという問題意識が行政に十分浸透しているとは言えない。委託する側の行政担当課がＮＰＯに委託さえすれば協働であるという安易な考えだと、従来の委託事業と変わらない関係をＮＰＯに強いることになる。

反対に、行政の担当課が協働の本質を十分理解していれば、既存の委託契約においても対等な関係性を担保する運用を行うことは不可能ではない。委託する内容（仕様書）や金額を決めるプロセスをＮＰＯと議論し合意すれば、形式的には行政が決めた内容や金額であっても、内実的にはＮＰＯと行政の協働の仕様書ができあがるのである。また契約書の条文を変えて「成果は委託者と受託者の両者に帰属する」と定めればいいのであるが、前例踏襲主義の行政ではなかなかたやすいことではない。

仕様書をNPOと行政の両者協働でつくるということは、別の観点からの問題がある。仕様書をともにつくるということは、この事業はこのNPOに委託するという前提のもとで成り立つ作業であり、それは「随意契約」が認められればのことである。昨今、談合などの不正受注も問題となり、行政の委託事業にはほとんど入札かプロポーザル（いわゆる企画コンペ）が採用されている。公正性の観点からは望ましいが、より地域の課題に対応できる事業や市民ニーズに即した事業を行おうと、その分野や地域で活動経験の豊富なNPOと議論しながら仕様書を作成しても、いざ委託先を決めるときに入札を採用すると、金額が安いというだけの理由で、別の団体や企業が受託するということもよく起こるのである。プロポーザルを採用すれば金額面だけでの判断は避けられるが、プロポーザルの選考基準に見積金額や組織に対する評価なども入っているので、ここでも、大手の企業が参入したり、安い見積額が提示されることで、別の団体や企業が受託する可能性は否定できない。そうした事態が起こった場合、仕様書の作成に知恵を出したNPOの知的財産権はどうなるのか、という問題も曖昧なままである。

ほかに指定管理者制度の問題もある。二〇〇三年に指定管理者制度が導入され、体育館、図書館、公園など、多くの公有施設の管理運営が、委託から指定管理に移行した。市民活動支援施設や子育て支援施設など、NPOが得意とする分野の市民利用施設において、行政が施設を設置し、NPOに管理運営を委託するという「公設民営」の施設運営も協働の一形態であるとされてきたのだが、こうした施設も指定管理への移行が続いている。指定管理者制度は、施設の管理を民間に代行させることであり、この制度の目的は経費削減とサービスの向上である。もともとNPOと行政が対等な関係で協働するという考え方は、競争原理を働かせて民間の力を活用する指定管理者制度とはなじまない。地域施設への指定管理者制度の導入を見る限り、協働という関係性が重視されているとは言い難く、指定管理者制度を通しての協働が可能なのかは今後の課題である。

6. NPOを「従順で安価な労働力」にしてはならない

さらに問題なのは、行政から委託や補助を受けて事業を実施しているNPOは、委託事業の範囲にとどまらず、行政に物申すことができなくなるということである。本来NPOは行政から独立した民間組織であり、市民目線で行政をチェックしたり、反対の意見を表明したりすることは自由であり、それがNPOの役割でもある。

広く社会に対して意見を述べたり、提言したりすることをアドボカシー活動という。環境問題について問題提起したり、エネルギー問題について発言したり、LGBT（性的少数者）の権利擁護について提言したりするのは、民主社会を築くうえで欠かすことのできない活動である。アドボカシー活動はNPOの重要な機能の一つである。こういう活動は営利を追求する企業ではなかなか取り組めないものである。しかし、行政から継続的に委託や補助を受けて活動している場合、その収入がNPOの財源に占める割合が大きくなればなるほど、行政の機嫌を損なうような振る舞いは差し控えるようになりがちである。そうなったらNPOらしさは失われてしまう。営利企業と同じになってしまう。行政との協働は良いことだが、それによってNPOが行政の政策に過度に従順にならないようにしなければならない。

お金の問題もある。NPOが登場する以前は、行政が事業を委託する先は、営利企業であるか従来型の非営利法人（公益法人や社会福祉法人等）であり、適正な人件費が積算されていた。従来型の非営利法人には外郭団体も含まれている。外郭団体はほとんどの場合、行政から職員が出向していたり職員OBが雇用されていたりした。自治体職員の天下り先になっていたわけである。それゆえ職員の給与も決して低いわけではなかった。

ところがNPOが委託先の選択肢に加わるようになってから、人件費の積算がおかしくなってしまった。いまや「NPO価格」とでもいうべき人件費の低価格化が常態化しているのだ。税収が減り、自治体はどこも財政難に陥り、行政はNPOに、協働の名を隠れ蓑にして安いコストで行政の事業を請け負ってくれることを期待し始めた。NPOには無償のボランティアとして活動に加わる人もおり、NPOで働く人たちの賃金も総じて低い。だからNPOは安い人件費でかまわないのだという誤った認識をもつ行政職員も多い。NPOは採算のとれない事業も行うがゆえに、結果として低賃金になっているのであり、低賃金をよしとしているわけではない。それにもかかわらず、行政から委託される事業までもが、長年の経験や専門性を必要とする事業であるにもかかわらず、押しなべて人件費は低く設定されてしまうという現状がある。NPO職員はワーキングプアだと言われるが、そのワーキングプアを生み出す要因の一つに行政からの委託事業の低価格設定がある。

協働の本質は、対等な協力関係と役割分担である。それによって課題解決に取り組むのである。NPOが行政の下請けとして、また、安価な労働力として行政事業に協力することではない。行政が協働の本来の意味を十分理解しない限り、この問題は改善しない。

とはいえ、一概に行政のみを責めることもできない。NPOも数が増えるにつれ、協働事業や委託事業を、行政のお墨付きととらえ、行政の力で社会的認知を得たいという団体も増えている。行政の下請けになることをむしろ歓迎し、行政の指示待ちのNPOも存在する。行政と協働するには、NPOにもそれなりの経験や力量が求められるのであり、それは自ら市民の参加と協力によって蓄えていくしかないだろう。

「協働」が理念となり、それが「協働事業」として具体化されてからそろそろ二〇年が経つが、協働が抱える問題はいまだ山積み状態のままである。

7. 市民、ＮＰＯ、行政の関係を考える

ここまで、ＮＰＯと行政の協働について述べてきたが、ＮＰＯと行政の協働は、イコール市民と行政の協働ではない。

協働は、ＮＰＯと行政、ＮＰＯと地域組織、ＮＰＯと企業といった組織と組織の関係性を示す。ＮＰＯと行政の協働は、ＮＰＯという組織と、行政組織が、対等な関係で協力し合うということである。それゆえに協働事業を実施するうえで、ＮＰＯと行政組織間の契約や協定が成り立つのである。

「市民と行政の協働」という言葉が「ＮＰＯと行政の協働」と同義語として使われることがあるが、市民と行政の協働というのは本来はありえない。市民というのは主権者である市民個々人を示す場合と、その総体を示す場合があるが、市民個々人と行政という組織が協働するというのも、総体概念としての市民と現実の組織体としての行政が協働するというのも具体的にはありえない。

では、考え方としてはどうか。市民と行政は対等で協力し合う関係であるべきという考え方は危険である。なぜならば、もし市民と行政が対等な関係なのであれば、市民がいくら合意形成してもその合意と行政としての意思は同じ重さを持つことになる。

本来、市民の合意（それが政治的な意思決定であろうと、地域社会での話し合いであろうと）に基づいて施策を実施

したり、市民の合意形成の調整役を担うのが行政の役割であり、行政は市民の自治における事務局的存在であるべきだ。市民は主権者なのである。「市民と行政の協働」という言葉によって、市民と行政が対等な概念だと行政が考えることは行政の傲慢につながる。

そしてそれはＮＰＯも同様である。ＮＰＯは、市民の参加によって成り立つ組織であり、市民が支える組織であるが、市民を代表する組織というわけではない。ＮＰＯ自身がそのことを認識する必要がある。

行政もＮＰＯも市民あっての組織である。市民の支持がなければ成り立たない組織だ。市民は、ＮＰＯや行政の上位概念である。

ＮＰＯと行政が協働する目的は、対等な立場で協力し合うことで様々な課題の解決が可能となったり、市民ニーズにより有効に対応できるからである。つまりは、協働の究極的な目的は、ＮＰＯにとっての利益でも行政にとっての利益でもなく、市民にとっての利益である。

一般の市民は、ＮＰＯと行政が協働しようが、ＮＰＯが行政の下請けになろうが、よりよいサービスが効率的に提供されればいいと考えるかもしれない。しかし協働はそれぞれの特性が存分に発揮されることに意義がある。ＮＰＯが行政の下請けとなり、対等な関係で行動することができないのであれば、ＮＰＯの特性を存分に発揮することはできず、市民ニーズに十分に応えることもできないだろう。安上がりということばかり重視されると、その時点では税金の節約になるかもしれないが、ＮＰＯでの人材育成は難しくなり、サービスの質にも影響する。結果として市民が不利益を被ることにもなる。

協働は理念を唱えていれば実現するものではない。協働はまだまだ発展途上の段階である。協働を内実化するためには、ＮＰＯと行政の双方による意識変革や制度整備などの努力が不可欠である。そして市民はＮＰＯに参加し支援する主体としても、NPOの活動によって利益を享受する受益者としても、NPOと行政の協働のあり方を考えていく必要があると思う。

第9章　生き方としてのNPO
――自己実現とジェンダー

1.　生き方としてのNPO

私はNPOを生き方として選んだ。学生生活を終えてから三〇年間、私はそのほとんどの期間を任意団体、NPO法人、一般社団法人といった、広い意味でのNPOで働いてきたのだ。転職もしたし、組織の財政事情による減給や離職もあった。お世辞にも安定した職場とは言えなかった。NPO業界全体が不安定な職域なのだ。長く働いたからといって賃金が上がるとは限らない。キャリアと収入が比例しないのもNPO業界の残念な特徴だ。それでもNPOで働く人たちは、「やりがい」を口にする。私もそうだ。私にとってNPOで働くことは、自分自身の問題意識を追求することであり、自己実現のプロセスだったとも言える。

女性が「NPOで働いている」と言うと、パートナーが安定した職についているのだろうとか、扶養の範囲で働いているのだろうと思われてしまうこともある。私の場合、二〇代半ばで結婚し子どもも産んだが、三〇代半ばには母子世帯となり二人の子どもを働きながら育ててきた。私にとって生計を維持できる収入を稼ぎ出すことは絶対条件だった。

仕事は収入を得る手段として割り切って考え、自分が本当にやりたいことは仕事以外の時間でやるというライフスタイルを選択する人もいるだろう。しかし、フルタイムで働けば一日の大半を仕事に費やすことになるのだから、仕事以外の時間と言えば夜や休みの日しかない。それは何ともはがゆいではないか。特に仕事と子育てを両立させようとすれば、それだけで時間はいっぱいいっぱいだ。やりたいことをするためには、仕事＝やりたいことにするしかない。

というわけで、ＮＰＯで働きながら、自分の力でＮＰＯを食べていける職場にするしかなかったのである。

2. ＮＰＯと自己実現

ＮＰＯで働くことは自己実現につながると述べたが、「自己実現」という概念は、アメリカの心理学者アブラハム・マズローが、人間の高次欲求として位置づけた概念である。マズローは人間の欲求を、生理的欲求、安全の欲求、所属と愛の欲求、承認の欲求、自己実現の欲求という五つの欲求が階層をなしていると考えた。そして生理的欲求から承認の欲求までの四つは満たされたら消えるが、何かを成し遂げたいという自己実現の欲求だけは消えることがないとした。これを欲求階層説という。

ＮＰＯは自己実現の場だとも言われるが、ＮＰＯに集う人々が自己実現以外の欲求をすべて満たしている人たちかというとそうでもない。差別される側や排除される側に押しやられた人たちが立ち上げるＮＰＯもあるし、ひきこもりの方の家族会、家族を介護している人たちの団体、被災地で自らも被災しながら復興を志す人たちの団体など、自分の生活が安全で安定しているとは言えない人だ。そうした人たちがやむにやまれずに、あるいは、自分たちの置かれた状況を変えるために立ち上げるＮＰＯもある。さらに現在の社会は、社会的孤立や自己肯定感の低下が蔓延する社会である。ＮＰＯというコミュニティに参加することで、人とのつながりを得たり、ありのままの自分を肯定できるようになるということも珍しくない。こういう場合などは、マズローの言う所属と愛の欲求がＮＰＯによって満たされているのだととらえていいだろう。ＮＰＯは、自己実現の場であるだけでなく、その前段階の欲求である安全の欲求や所属と愛の欲求、承認の欲求（周囲の人々から認められ敬愛されたいという欲求）をかなえるための場にもなっているのだ。

3. ＮＰＯを立ち上げることは起業

だからこそ、ＮＰＯは、そこで働く人たちに自己実現の機会を提供するとともに、生活を安定させ安心して暮らしていける条件を提供する必要があるし、相互承認の場にする必要がある。

私は、ＮＰＯで働いてきたと表現したが、既存のしっかりした組織基盤をもつＮＰＯに雇用されて働いてきたわけではない。大学院時代にアルバイトとなり、大学院修了後に常勤スタッフとなったまちづくり情報センターかながわは、私より年配の市民活動のリーダー、学識者、自治体議員、生協関係者、労働組合関係者が代表および運営委員として組織運営を担う組織だった。しかし、そうした人たちは常駐しているわけではない。ＮＰＯという組織は企業とは違う。役員は他に仕事をもつボランティアであることが多い。その場合、日々事業を進めていくのは、事務局に雇用されたスタッフとなる。

まちづくり情報センターかながわに雇用された私を含む三人のスタッフの人件費は、発起人でもあった生活クラブ生協が何年かの間は支援をしてくれたが、それ以外の運営費や事業費は自力で集めなくてはならない。賛同者から三〇〇〇円の会費を募り三〇〇人以上が会員になってくれたが、それでも会費収入は一〇〇万円足らずである。とても人を雇用できる収入ではない。活動を継続していくには、自前で人件費も賄える財源確保が必要となる。

多くの人々の共感を得て活動を広げながら、安定した財源も確保することはそうかんたんなことではない。NPOを立ち上げて運営していくことは、起業でもある。運動的側面と経営的側面の両方の手腕が求められる。

4. NPOの経営手法

いかに事業収入を得られるようにするかという点では、営利組織の経営とNPOの経営はそれほど違わない。こういうサービスを提供したいと思っても、それを求める人がいなければ事業としては成り立たない。求める人がいても、そこに情報が届かなければ意味がない。情報が届いても信頼してもらえなければ利用に結びつかない。採算性や信用はNPOだって必要なのである。

在宅介護サービスを行うNPOは、二〇〇〇年の介護保険制度スタートを前に、NPO法人化し、介護保険指定事業所となった団体も多かった。それまでに地域で信頼を得ていた団体は、介護報酬を得ることで財政基盤がいっきょに安定し、それまで有償ボランティアで行っていた介護サービスが、賃金を支払える事業となっていった。

他方で、営利組織の経営と決定的に違うのは、そもそも対価性がなく、採算がとれないことがわかっている事業であっても、それを必要とする人たちがいることで実施することもあるということだ。実施に必要な費用はサービスの受け手からは得られない。活動に賛同する第三者から会費や寄付、補助金や助成金などで賄うことになる。ボランティアの協力を得て可能になることもある。こういうことは営利組織では考えられないが、非営利組織の経営手法としては大いにありなのだ。

寄付金について知ってもらいたいのは、寄付金額の二〇％程度は団体の運営費（人件費や事務所経費など）に使われる場合が多いということだ。途上国の貧しい人々の支援のためにお金を寄付しても、そのお金に羽根が生えて困っている人のところに飛んでいくわけではない。お金を必要とする人に届けるために、多くの人が関わっている。その人たちは霞を食べて生きているわけではない。寄付者の中には、寄付金全額が困っている人たちに届かないのかと言って驚く人がいるが、団体が運営できてこそ、寄付金が生かされるのだということを理解してほしい。

行政や企業からの委託事業として実施するという手法もある。NPOとして実施したいことが、行政や企業の実施したいことと一致し、かつ、行政や企業に十分なノウハウがない場合は、NPOが事業を受託し、委託金により事業を実施するという方法もある。一九九〇年代後半から自治体のNPO法人に対する委託事業は増えてきている。委託事業は行政の下請け化につながるという課題は内在しており、安易な委託は避けるべきであるが、公金をNPOの活動に充当するということは、対価が期待できない事業も実施するNPOを支えるためには必要なことである。

様々な方法で、人件費も含めて事業に必要な財源を確保していくことが、NPOで働くということを可能とすることにもつながる。

5. NPOは雇用の受け皿になるのか

一九九〇年代後半は、バブル経済がすでに崩壊し、就職氷河期と呼ばれたり、失業率も上昇した時期である。政府は、一九九八年から二〇〇〇年代の初めにかけて、緊急雇用対策を打ちだした。その中で、一九九九年の緊急地域雇用特別交付金は、各都道府県に交付金を交付し、自治体が企業やNPO等に事業を委託することで、雇用創出を図ろうとするものだった。

委託金を使って雇用できる期間は半年程度で、雇用しても半年で雇止めとなることが多く、不安定雇用を一時的に増やしただけの政策的には中途半端なものに思えたが、注目すべきは、自治体の委託先に「NPO等」が明記されたことである。一九九八年にNPO法が成立し、NPO法人が増えていくことが想定される中で、NPOが雇用の受け皿として期待されたのであった。このころから、NPOが単なる緊急雇用創出の受け皿ではなく、「新たな働き方」の受け皿としても期待されるようになった。

NPOは、今で言う「ワーク・ライフ・バランス」を可能とする職場として期待されたのである。NPOで働く人たちの多くは、収入を得るためにだけ働いているのではなく、自分の関心や問題意識をもって働く、やりがいのある仕事をしているとも言える。家庭や地域を犠牲にして働くという仕事一筋の働き方もしていない。女性や退職した人なども自分たちのライフステージに応じて比較的自由に働ける。その面では理想的な職場と見なされた。

NPO側の実情を言えば、高い賃金を払う余裕がないどころか、常勤スタッフを雇うだけの財源さえないことから、多様な働き方をしてもらわざるをえないという現実があった。その点はあまり認識されていなかったようだ。人を雇うだけの財政基盤がないNPOが、雇用の受け皿となるというのも現実的にはおかしなことだったが、NPOでやりがいをもって働くという価値観が普及することには期待したかった。「新しい働き方」は、企業ではできないからNPOにやってもらいましょう、というのではなく、NPOでできていることは企業にもできる、と社会全体の価値観となり、社会全体がNPO的な働き方をヒントに変わっていくことを望みたかった。

6. NPOだけが低賃金ではなくなった

少しずつではあるが働き方が変わってきている。男性が育児休暇をとったり、出産で一度は仕事を辞めた女性たちが子育てが一段落したらまた仕事に就くということも珍しくない。ただ、それ以上に労働力不足による女性や高齢者の活用、非正規労働者の増加など、人間らしい働き方の模索というより、国や経済界の都合によるところが大きいのではないかとも思える。

NPOで働く人たちがあらわれてきた一九九〇年代後半ごろは、NPOの賃金は他と比べると明らかに低かった。「高給でなくてもいい。せめて他の職業と同等の賃金を払える職域にしたい」と願ったものだった。そのころは、四〇代になれば、年収六〇〇万円ぐらいは期待することができた時代だった。NPOでも四〇歳になればせめてそのくらいは、と思ったことを覚えている。

あれから二〇年。NPOと他の仕事の賃金格差は、公務員や大企業を除けば、小さくなったようだ。といっても、NPOの賃金水準が特段に上がったわけではない。他が下がったのだ。非正規労働が増えたこともその原因の一つだろう。ちまたで仕事を見つけようとすると、最低賃金すれすれのパート労働や派遣が多い。給与所得者の年間の平均給与は二〇一八年で四四一万円（国税庁「平成三〇年分民間給与実態統計調査」による）である。年収が二〇〇万円以下のワーキングプアが増えていることも社会問題となった。

NPO法人の常勤職員一人あたりの年間人件費の平均額は二三〇万円という調査がある（内閣府「平成二一〈二〇〇九〉年度市民活動団体等基本調査報告書」）。一〇年後の現在もそれほど変わっていないだろう。低賃金であることは変わりない。しかし一方で、企業で月二〇万円以下の給料で働いている非正規雇用の人も多くなっている。NPOだけが低賃金だとは主張できなくなってきた。まさかこういう状況になるとは、二〇年前には想像もできなかった。

7. NPOで働くこととジェンダー

女性が働くうえではまだまだジェンダーの壁がある。世界経済フォーラムが発表した二〇一九年の男女格差の国際ランキングで、日本は一五三か国中何と一二一位である。私が働き始めた三〇年前だったらなおさら男女格差は激しかった。しかし私自身は、女性差別やジェンダーというものをほとんど感じずに働いてきた。

働く女性から、同期の男性に比べて昇進が遅い、子どもの体調や行事で仕事を休むことに職場の理解がなかなか得られない、でも、だからといって子育てのためにいったん退職したら元のような仕事に戻ることが難しい、キャリアか子どもか選択せざるをえない、などといった嘆きの声を聞く。実に理不尽だと私も思う。そうした現実があるということは間違いないのだが、私自身はジェンダーやジェンダーによる不利益というものをほとんど感じることなく生きてきた。

私がＮＰＯで働き始めたのは一九九八年である。ＮＰＯという言葉もまだなかったので、市民活動団体で働き始めたと言ったほうがいいかもしれない。市民活動は無償のボランティアの人たちが集まって行う活動だというのが一般的な認識だった時代である。大学の友人たちは就職活動をして、企業に就職したり、公務員になったりしたが、私はそもそも就職活動を経験しなかった。

ジェンダーを意識することなく学生時代を過ごした女性たちも、就職活動で女性であるということに対する理不尽な扱いを受けることも多いと聞く。女性は出産したら仕事を辞めてしまうから、戦力にならなくなると考えている昔ながらの男性経営陣も多いだろう。セクハラまがいの扱いを受けることもいまだにある。ということは、三〇年前は、私の大学の同期の女性たちも嫌な思いに耐えながら就職活動をしてきたのだろう。しかし私には、一般社会の就職活動そのものがなかった。

そして私が働き始めたＮＰＯは、三人のスタッフのうち私を含めて二人が女性だった。もう一人の女性が事務局長であり、私と一名の男性スタッフが事務局員。といっても、上司と部下という明確な上下関係があったわけではない。これから立ち上げる活動の事務局を任されたのであるから、三人で相談しながら進めていくしかない。

既存の組織に就職したのではなく、新しい事業の立ち上げを委ねられたと言ってよかった。組織文化も新たにつくっていくことになる。事務局内であでもない、こうでもないと議論しながら、時には運営委員の年配者の助言ももらいながら試行錯誤していった。ＮＰＯというのは、働いている人も少なく、みんなで議論して決めていくようなところもある。そもそも管理職に徹する人を配置するほど人員に余裕がない。管理職であっても業務を分担しないとやっていけない。

ただ、考えてみれば、NPOに就職するというような選択をできたのも、私が女性だったからという社会的バイアスがないとも言えない。

今でこそ、NPOに就職するということは認知されてきているだろう。まだ一般的ではないが、企業で働いていた人がNPOに転職することや、新卒でNPOに就職する若者も出てきた。将来が不安定な職域であることはたしかだが、あやしげな職業ではないと周りの理解も得られるだろう。

私がNPOで働き始めたことは、NPOで働くということは、「就職」とは考えられていなかったように思う。フリーターのようなイメージだったかもしれない。

男性は、きちんとした仕事に就いて、あるいは、まともな企業や公務員などに就職して一人前というジェンダーバイアスが存在したとしたら、私が男性だったら、「あいつはいい年をして何をしているんだ」と思われたかもしれない。私が女性であることで、そうしたバイアスから逃れて、女性だからまあ好きなことをやるのもいいんじゃない、と受け止められていたのかもしれない。

NPOで働く人が増えてきた今日でも、NPOで働くということは、安い賃金に甘んじること、不安定な雇用に甘んじることに変わりはない。家庭を経済的に支える役割を期待されていたら、そういう職場は興味があっても選択しづらい。NPOで働く男性が少ないのは、それ自体がジェンダーの表れだと言える。これまで、企業の社会貢献担当者や行政職員の男性が、「自分もNPOを立ち上げてそれで食べていけたらいいなとは思うけど、家庭もあるし、子どももいるし、実際にはできない」とぼやくのを聞いてきた。「本当にやりたければ挑戦すればいいのに。リスクを背負いたくない言い訳じゃないの」と聞き流してきたが、男性が背負わされてきたジェンダーに無頓着だったのかもしれない。

組織におけるジェンダーというのは、それまでの組織の文化や仕事の進め方を継承しているものである。組織のトップや役職者などを男性が独占してきた社会で、女性がその立場に進出していくのは組織文化の転換でもある。頭ではわかっていても馴染んできた組織文化が変化することに、それも特に自分にとって居心地のよかった文化の転換を快く思わない人が多いのは当然のことであり、それをあえて打ち破るというエネルギーが必要となる。しかし起業となると、ゼロからのスタートである。組織文化もなく、仕事の進め方も試行錯誤していくしかない。女性だからと言って不利益を被ることもなければ、守られることもない。

8. NPOの職場環境

というわけで、今に至るまで、私は、職場のジェンダー差別に直接的に出くわすことはないままに生きてきた。実際はそういう場面に出くわしているのに、私自身が鈍感なのかもしれないが、少なくとも、女性であることで理不尽とか不利益を被っていると感じることはなかった。

その理由の一つがNPOという職場環境にあると思う。働く場となり始めたころのNPOは女性が多い職場だった。職場としてのルールや組織文化も未発達で、働いている人たちで話し合ってルールを決めていくようなところがあった。

私は、子どもが生まれたとき、半年程度の休みをとった。職場復帰した後は、子どもを家庭保育員や保育園に預けた。子どもがいなかったころは、仕事が間に合わなければ夜遅くまで残業することもあったが、保育園に子どもを預けているとそういうわけにはいかない。夫と分担はしたが、保育園への送り迎えは私のほうが多かった。保育園の閉園時間に間に合うためには、就業時間の一時間前に職場を出なければならない。就業規則もきちんと整っていない組織で、育児時間などという制度はなかったけれど、みな当たり前のように受け入れてくれた。子どもが熱を出して保育園から呼び出しがあれば、これも当たり前のように「早く行きなさい」と送りだしてくれた。その代わり、自分でなければできない仕事を時間内にできなかったときは持ち帰って、子どもが寝付いた深夜に仕事をするということもあった。

私以外にも子育て中の女性が同僚になったことがあったが、お互い様という雰囲気だった。当時の私には、子どもを迎えにいくために定時前に職場を出ることも、子どもの体調や行事で休むということもごく当たり前なことだった。もちろん同僚に感謝はしたが、それが、職場での評価に影響したり、冷ややかな目で見られることはなかった。一般社会ではそれではまかり通らないなどとは、考えてもみなかった。

今では、NPOで働く男性も増えてきたが、役員や事務局長といった役職者に女性が多いのがNPOの特徴である。それは、NPOでのキャリア形成は、男性より女性のほうがしやすいのだろう。男性優位にすることがむしろ難しいのである。

働くことに限らず、ボランティアであっても、市民活動というのは、様々な職種を経験してきた人たちや主婦（主夫）が、共通の問題意識で集まるのであり、そこに男性、女性ということでの役割の固定化はほとんど見られなかった。NPOもその組織文化を受け継いできた。しかしNPOが増えていくにつれて、NPO内にもジェンダーの問題が発生してきている。企業を退職した男性たちがNPOを立ち上げたり、NPOに参加するようになると、彼らが経験してきた、管理職は主に男性、女性は男性の補助的な役割という植え付けられた価値観をNPOに持ち込んでしまう。ボランティアどうしでも、女性に対してあたかも自分の部下であるようかのように指示したり、事務作業などは女性の仕事と決めつけたりする男性もいて、女性たちからは疎まれる存在になってしまうこともある。

9. NPOで働くことと経済的自立

NPOが女性にも男性にも働きやすい職場になるためには、やりがいがある仕事だとかお互いの状況を理解しあえる職場環境だということのみに甘んじていてはダメだ。経済的自立ができない賃金のままでは、NPOは、配偶者の収入に頼っている人か、退職後で年金がある人の職場になってしまう。

NPOで働いている女性の多くが、主たる生計維持者は夫という現実は、依然として変わらない。これでは若者が、「NPOは経済的に余裕がある人がやるもの」というイメージをもつのも仕方がない。

私の場合は、出発点は生活クラブ生協の資金援助があったということと、その後は受託事業等で人件費を賄える財源を確保できたということで、子どもを育てながら、NPOで働き続けることができた。私が自分一人で二人の子どもを育てていこうと決めたのは三〇代の半ば、上の子は小学一年生、下の子は三歳だった。当時の私の給料は年収四二〇万円。大学の奨学金も返済中だったが、何とかやりくりできると思える額だった。その後、転職や失業、体調不良などもあり、年収が六〇〇万を超える時期があったかと思えば、失業手当や傷病手当に頼る時期もあった。年ごとに収入が何百万単位で上下した。乱気流の中で操縦桿を握り続けるような状態だった。

私の例を母子世帯の一般論に当てはめることはできないと思う。母子世帯の家計は厳しく、平均年間就労収入は二〇〇万円だという（厚生労働省「平成二八年度全国ひとり親世帯等調査」）。ジェンダーの網に絡みとられていないＮＰＯの職場環境は、人並みの賃金を支払えるようにさえなれば、女性の経済的自立にも寄与できるはずだ。

10. 自己実現と労働を乖離させない働き方へ

いまだにＮＰＯの財政は厳しい。ＮＰＯの数が増えることで、ＮＰＯで働く人は増えてはいるが、新規雇用の職種は委託事業での施設管理や、介護、保育などが中心だ。賃金は低く、雇用も不安定なままだ。それでも、ＮＰＯは新しい働き方を実現できる場、女性の経済的自立にもつながる場、そしてそれを社会に発信し、他のセクターにも波及させていく可能性を持っている。

ＮＰＯはミッション（使命）が命である。働く人たち全員が参加するミーティングを開催したりして、ミッション（使命）の共有化や、働く人たちの意見の反映を重視することが大切だ。自分たちは何をめざすのか。そのために何をするのか。自分はどういう立場でＮＰＯに関わるのか。それらを率直な話し合いを通じて、いつも確かめ合う。そうした組織文化があるのがＮＰＯの良いところだ。ＮＰＯは女性も男性も自己実現と労働を乖離させないで生きることができる職場をつくることができる。

このＮＰＯが育んできた組織文化は、ＮＰＯだから可能なのだとか、小さい組織だからできるのだとか考えるべきではない。組織が大きくなっても、様々な工夫をしながら、みんなで話し合うことやミッションを共有することを大事にしているＮＰＯはたくさんある。営利組織であってもこうした組織文化を醸成している企業はたくさんある。新しい働き方を実践してみせること、社会全体の働き方を変えていくことも、またＮＰＯの重要な役割なのだと思う。

この希望を現実のものにしていくことが、自己実現型の働き方を可能とし、自己実現社会を創ることにもなる。

第10章　父の介護からわかったこと
――介護生活を支えてくれた人たち

1.　まさかの「ダブルケア」

「ダブルケア」という言葉をよく耳にするようになった。子育てと介護を同時期に行うことだ。少子高齢化が進み、介護が必要な高齢者は増えるが、その高齢者を介護する子どもの数は減っている。また、出産年齢が高くなり、親を介護する時期と、子育ての時期が重なってしまうなど、様々な要因はあるのだろう。実は、私もこの「ダブルケア」を経験した。それも突然に、想定外のことだった。

働く女性の家事や育児の多忙さを表した「セカンド・シフト」（アーリー・ホックシールド著、田中和子訳『セカンド・シフト　第二の勤務――アメリカ共働き革命のいま』一九九〇年）という表現に自分を重ね合わせてみたことがあったが、この「セカンド・シフト」プラス「ダブルケア」の状態を一年半経験したのである。

私は三〇代半ばでひとり親となり、フルタイムで働きながら、子育てをしていた。あわただしく、睡眠時間も削る毎日だったが、仕事と子育ての両立がそれほどたいへんだとは思わなかった。子どもたちが幼いころは、実家の近くに住み、子どもたちを保育園に預けて働いた。私が仕事で遅くなる日は、実家の母が保育園に迎えに行き、夕食を食べさせて、時には自宅まで連れて帰って寝かしつけてくれていた。父や妹も子どもたちの世話をしてくれた。こうした身内の助けがあったからこそ、子育てしながら働くことができた。ひとり親家庭ということで地域の民生委員も気にかけてくれ、自治会の役員の方々や近所の人たちも何かと子どもたちを見守ってくれた。支えてくれる人にありがたいという気持ちはあったが、それも頑張る自分がいるからこそだという自負もあった。

そんなある日、父が転倒し頭を打ちそのまま要介護状態となった。それまで父は母と妹と暮らしていたが、父は私が引き取り在宅介護をすることにした。父は七三歳、私は四一歳だった。子どもたちは中学一年生と小学三年生になり、幼少期に比べてそれほど手もかからなくなった頃だった。それでも仕事と子育てをしながらの介護は、仕事と子育てを両立のたいへんさの比ではなかった。父も、介護する私も、そして子どもたちも、多くの人たちに全面的に支えられることでこの時期を生きてこれたのだということを実感させられた。そしてその数々の支援をコーディネートしてくれたのは、私が住む地域で介護サービスを担うＮＰＯ法人だった。

2. 認知機能を失った父

父は、自宅近くに買い物に出た際に転倒し救急搬送された。脳挫傷で脳出血を起こし、しばらく入院することになった。救急搬送直後はもうろうとしていた父も、翌日病院を訪れたときは、横になりながらも、顔つきもしっかりとしており、特に身体に麻痺などの症状が出ている様子もなかった。大したことはなかったようだ、よかった、と安堵したのも束の間。父に話しかけた私は、父がそれまでの父とはまったく違っていることにショックを受けた。

私が言っていることがわからないようで、きょとんとしている。父の口から発せられる言葉は意味をなさないものばかりだ。言葉が通じないのだから、何がわかって、何がわからないのか確かめようがない。しかも、私のことが誰だかわからないようだ。自分が置かれている状況もわからない。歯ブラシを渡しても何をする道具かわからないように握ったままだ。口をゆすぐために水の入ったコップを渡しても見つめているだけ。口につけて水を含ませてみるとゴクンと飲んでしまう。頭を打ったのだからしばらくはこういう状態なのかと様子を見ていたが、数日しても状態は変わらなかった。不思議なことに、運ばれてくる食事だけは、自分から箸をとり、ご飯やおかずを器用に黙々と口に運んでいた。

医師に尋ねると、脳の出血も収まり回復傾向にあるという。ほとんど何もわからなくなっているということを訴えるが、「もともと認知症があったのでしょう」と言われてしまった。たしかに、最近少しずつ認知機能が衰えてきたところはあり、失禁してしまうこともあった。しかし、近くに散歩や買い物にも行っていたし、普通に会話もできた。家族のことが誰だかわからないというような状態はなかった。医師に、これまではこういう状態ではなかったということを伝えても、とりあってくれない。治療経過は順調だと言うばかりだ。私が知りたかったのは、父に何が起きているのかということだ。そしてこの状態が少しでも改善する見込みがあるのかどうかということだ。しかしそれについて医師は何も語ってくれなかった。

自分の置かれている状態が理解できていない父は、身体が回復して動けるようになってくると、点滴の針を抜いたり、ベッドから降りようとしてしまう。制止しようとすると大声を出し暴れる。危ないからと両手を拘束され、ベッドに括りつけられてしまった。毎日仕事帰りに訪ねて声をかけると、「これを外せ」とばかりに、縛りつけられている手を引っ張る仕草をする。この状態が不快だということはわかるようだ。看護師に頼んで、私がついている間だけでもと拘束を外してもらう。家には子どもたちが待っており、帰りが遅くなることを気にかけながらも、毎日面会時間ギリギリまで病院にとどまる日が続いた。

体力が回復すると、父は饒舌になった。力強くしゃべるのだが、相変わらず、意味不明な言語が口からあふれ出る。後にこうした意味不明な言語を「ジャルゴン」と言い、脳障害の一種であるということはわかったが、その時は、医師が何も説明してくれないので、何が起こっているのかわからない。伝えたいことがあるのに、それを言葉にできないだけなのか、そもそも思考自体が損なわれているのかわからない。「おい」とか「そうだな」というような言葉がたまに出たが、意味を理解して発しているのではないようだ。「そうだな」という言葉は、何か話しかけられたときの習慣として反射的に発しているらしく、肯定の意味というわけでもないようだった。

入院から一か月ほどたった頃、脳出血の外科的治療が終わり、リハビリに移るというので、自宅近くの病院に転院させた。救急搬送された病院は、毎日通うには遠く、私の体力も限界に来ていた。

リハビリという言葉から私がイメージしたのは、父の認知機能のリハビリだった。リハビリとなれば、父の状態がどういう状態であり、回復の見込みがあることとないことがはっきりするのではないかと期待した。しかし、その期待はすぐに失望に変わった。父のリハビリの様子を見せてもらったが、リハビリ室の隅に車いすに座ったままじっとしているだけだ。「どうして何もしないのですか」と聞く私に、リハビリの医師は「指示が入らないので、リハビリできません」と答えた。リハビリとは身体機能のリハビリだという。毎日ベッドの上で過ごす生活で、父の足腰は弱り、移動は車いすを使うようになっていた。「立って」とか「つかまって」と言ってもその指示の意味がわからない父は何もしない。だからリハビリは不可能だというのだ。言葉での指示が伝わらないのならば、工夫して誘導するのがプロではないのかと思ったが、もう医療にそういうことを期待しても無理だと、あきらめの気持ちが大きかった。

認知機能が障害を受けているのではないかということを訴えて、診察してほしいというと、同じ病院の精神科を受診させてくれた。医師は脳の画像を見て、以前患った脳梗塞の影響もあり、脳血管性認知症だと診断した。転倒による脳挫傷の後遺症なのかと聞いても、それはわからない、と言う。

認知症という言葉から、それがアルツハイマー型であっても、脳血管性であっても、徐々に進行していくもので、一日にしてほとんどすべての認知機能が失われてしまうということなど考えていなかった私にとっては、脳血管性認知症とだけ説明されても釈然とはしなかった。今から思うと、父は脳挫傷の後遺症で重度の高次脳機能障害にあったのかもしれない。

これが若い人や働き盛りの人であったならば、社会復帰の可能性を考えて、認知機能の何が損なわれているのか、改善が期待できるのかといったようなことを細かく診断してくれたのかもしれない。七三歳だった父に対しては、今起こっていることが何なのかを診断しても無意味だと思われたのだろうか。しかし、父は意識不明なわけではない。父は、認知機能を失っても意思というものをすべて失っているとは思えなかった。点滴を抜いてしまうというのも、制止に対して抵抗するのも、それが不快だという意思なのだと思えた。

父を見ながら、「ジョニーは戦場へ行った」という古い映画が頭をよぎっていた。第一次世界大戦で、負傷し、顔面（目、耳、口、鼻）と両腕、両足を失った主人公が病院のベッドに横たわっている。彼は聴覚、視覚、嗅覚を失い、自分がどこにいるのかもわからないが意識はある。考えることもできる。しかし話すこともできず、手や足のない身体を動かすこともできない。意思を伝えるということができないのだ。ある日看護師が彼の胸に手で文字を書く。彼にはその文字の意味がわかったが、答える術がない。そして彼はかろうじて動かすことができる頭で、枕にモールス信号をたたくことを思いつく。彼に意思があることに気づいた人々は驚く。彼の胸に手で字を書き、彼は頭でモールス信号を打って答える。そんな映画だ。

自分が置かれている状況がわからず意思を伝えることもできないという恐怖はいかばかりだろうか。父の残された意思を理解する術《すべ》はあるのだろうか、そして父に何かを伝える術はあるのだろうか、認知機能が回復しないのであれば、せめて「安心」を与える方法はないのだろうか。

リハビリも受けられずに病院にいる意味はあまりないようにも思われたが、それでも、病院にいれば、そのうち認知機能に変化が現れるのではないかという一抹の期待もあった。しかし父の状況は変わらず、歩けないのに立ち上がって転倒する危険があるため、二四時間のほとんどをナースステーションで過ごすようになった。昼間は車椅子に拘束帯をつけて座ったまま、夜はベッドをナースステーションに運んでそこで横になっていた。

3. 在宅介護が始まった

主治医と面談し、退院後のことを相談した。「施設に移りますか」と聞かれたので、「父が入所できる施設はありますか」と聞いた。「ないことはないですよ」という医師が続けた言葉に私は混乱してしまい正確に覚えてないのだが、「場所や質を問わなければ」という意味のことだったと思う。私はそれを、父の状態では人間らしいケアが受けられるかどうかは保証できないということだと受け止めた。私の脳裏に、ベッドに拘束されて時に暴れ、時にあきらめたようにぼんやりと天井を見上げる父の姿が思い起こされた。父は施設でそうやって一生を過ごすしかないのかと思ったとたんに、自分でも思いもよらぬことを口走っていた。「父は自宅で看ます」と言ってしまったのだ。医師は驚いたような顔をしたが、「それができるのならばお父さんにとっては一番いいですね」と言った。医師の口調から、父の状態での在宅介護というのは普通では考えられないことなのだろうと察しはついた。しかしその時の私にとってそれ以外の選択肢はなかった。

医師との面談を終えた私は、すぐに、藤沢市内で介護サービスを行っているNPO法人ぐるーぷ藤に電話した。NPO支援という仕事柄、旧知の団体だったが、サービスを利用したことはなかった。中学生と小学生の子どもを抱えて仕事をしながら父を介護するためには在宅介護サービスを利用するしかないとは思ったが、父の状態で在宅介護サービスが利用できるのかもわからなかった。私は、ぐるーぷ藤に電話して助けを求めた。

ぐるーぷ藤のケアマネージャーが病院に駆けつけてくれ、父の状態を確認してくれた。「この状態では介護サービスの利用は無理だ」と言われたらどうしていいかわからない。しかし、ケアマネージャーはすぐに「大丈夫」と言ってくれた。私が働きながら在宅介護できるように様々なサービスの手配に取りかかってくれた。要介護認定申請の準備、ホームヘルプサービス、デイサービス、介護用品のレンタルなどを提案してくれ、手配してくれた。

病院には、在宅介護をするための準備期間として約一か月の退院の猶予を頼んだ。父は一般病棟から療養病棟に移った。療養病棟では、精神安定剤を投与され、昼間でも車いすにもたれかかるように座って眠っているようになった。起こしても意識は朦朧とし、目も虚ろで、口からは絶えずよだれが滴り落ちていた。「廃人」という言葉は使うべきではないのだろうが、父の姿を形容するとしたら、「廃人」以外に思い浮かばなかった。

私は父を引き取るために引っ越した。車いすが出入りでき、部屋から食卓やトイレまで車いすで移動できる間取りのアパートを見つけて、あわただしい引っ越しを行った。

父の退院の日、まだ引っ越しの荷物が片付けきれていない新居にタクシーで父を連れて帰った。ようやく父を救いだせたという安堵と、これから本当にやっていけるだろうかという不安が入り混じった。しかし、そんなことを考えている暇もなく、家に着いたとたんに、次から次へと介護サービスの事業者がやってきた。翌日からの介護サービスの契約をするためだった。

父は要介護度5の認定を受け、月曜日から金曜日まではデイサービスに通った。夕方父がデイサービスから戻ってきてから私が帰るまでの間は訪問介護サービスを利用した。夜と土日は私が介護する。トイレに手すりの取り付け工事を行い、介護用ベッドもレンタルした。要介護度5で利用できる介護保険の上限ギリギリまでを使っての介護プランだった。

4. サポートしてくれる人たちのおかげで父の笑顔が戻った

父を家に連れ帰ってから、精神安定剤の量を減らした。退院時、医師からは精神安定剤は使っても使わなくてもいいと言われていた。精神安定剤は父にとって必要な薬ではなく、看護・介護する側にとって必要な薬だったのだろう。すぐに父の意識ははっきりとし、虚ろだった顔つきも元に戻った。足腰が弱っているので立ち上がるとひっくりかえってしまうのであるが、何度も立ち上がろうとし、慌てて駆けつけて支えるということの繰り返しだった。元気にはなったが、認知機能のほとんどが失われていることは日常生活の中でより明らかになった。

病院では紙おむつで二四時間過ごしていたが、家に帰ってからは、紙おむつは不快なのか、ちょっと目を離すと自分で取り除いてしまうことがある。ヘルパーさんと協力して、トイレで用を足すということにチャレンジした。車いすでトイレに連れていっても、トイレが何をするところなのかわからない。せっかくトイレに取り付けた手すりの用途もわからない。手をそえて手すりにつかまらせて、体を抱き上げて起こし、足を片方ずつ動かして、便座の前に立たせ、今後は身体を後ろに押して便座に座らせる。本人はこの一連の動作の意味がまったく理解できないので、いらつき怒声を発する。それをなだめながらトイレに座ってもらうまで大騒動だ。トイレから外に出て車いすに座るのも同様に大騒動だった。

毎日のトイレ騒動は、結果的に父の足腰にはいいリハビリになったようだ。立ち上がっても転ばないようになった。つかまれば歩くこともできるようになってきた。父の部屋からトイレまでの壁に手すりを取りつけ、毎日、部屋からトイレまで数メートルほどの距離を歩いてもらうことにした。これもまたたいへんな作業なのだ。手をとって手すりにつかまらせ、足首にそっと掴んで一歩ずつ前に出させる、そして手を手すりの前方に置き換えさせる。部屋からトイレに行って帰ってくるまでに三〇分以上かかることも普通だが、ヘルパーさんは、毎日、褒めたり笑いかけながら辛抱強くこの動作を繰り返した。

三か月もたったころ、父は「次はここ」と手すりをポンポンとたたくとそこに手を置くようになり、前に出す方の足をポンポンとたたくとその足を一歩踏み出すようになった。ヘルパーさんがあみ出した技だ。手すりポンポン、右足ポンポン、手すりポンポン、左足ポンポン、この繰り返しで、トイレまで誘導するのだ。デイサービスでも歩いてトイレに行くように対応してくれていたようだった。トイレでも少しずつスムーズに便座に座るようになった。そして、時間を見計らってトイレに誘うと、トイレで用を足すようになった。行為そのものの意味はわからなかったかもしれないが、日常の動作の繰り返しが身体に染みついたのだろう。とうとう、日中は紙おむつを使わずに過ごすようになった。腕を支えると家の周りを一周歩くようにもなった。

病院で、リハビリの専門家がしてくれなかったこと、見限ったことを、訪問介護やデイサービスの介護職の人たちはやってのけた。力ずくでも叱りつけるでもなく、終始笑顔で「もう一度やってみようか」「もう少しだよ」と声をかけ続けてくれた。

こうした日常が続く中で、父の認知機能が回復したわけではないが、感覚や感情までは失っていないことはわかった。子どもたちがふざけたように話しかけると表情が和む。忙しさにイラついた私がついきつい物言いをすると困惑したような表情になる。ヘルパーさんが「できた。できた」と拍手すると、照れたような笑いも見せるようになっていた。自分に向けられた感情はわかるのだ。入院時や退院直後、頻繁に声を荒げ、時にはこぶしを振り上げていた父が少しずつ落ち着きを取り戻していった。

訪問介護サービス、デイサービスの送迎、レンタル事業者、訪問マッサージなど毎日多くの人が家を出入りしていたが、父は馴染みになったその人たちを笑顔で迎えるようになった。この人たちは父から「不安」や「恐怖」を取り除き、「安心」を与えてくれたのだった。

5. 支えられたのは私だった

父が落ち着いていくのに対して、私は肉体的にも精神的にも限界になっていった。退院直後の一～二か月の介護生活が、私に決定的なダメージを与えてしまった。

退院直後の父は立つと転んでしまうのに立ち上がってしまう。睡眠も不規則で、夜中に目を覚まし明け方まで起きている。その間に服を脱いだり、押し入れを開けて中のものを放り出したりする。こたつの板が飛んできたり、ガラス扉がたたき割られたりもする。後ろから抱えようとして背負い投げをくらって宙をとんだこともあった。何が起こるかわからない、何ともスリリングな毎日なのだ。夕方仕事から帰り、朝父をデイサービスに送りだすまでの間、父から目が離せない緊張状態が続いた。

そんな生活が一か月も続くと、激しい眠気や疲労感とともに、精神的に変調をきたしているのが自分でもわかってきた。集中力がなく自分が今何をしているのかわからなくなってしまうことが増える。ちょっとした物音で叫びだしたくなる衝動に駆られる。人混みやたくさんの商品が並ぶスーパーでは目に飛び込んでくる情報を処理しきれずに立ち尽くしてしまう。仕事が終わって駅に着き改札を出ると、どうにもこうにも足が動かず家までの数分の道のりを歩くことができない。ショートステイを希望したが、症状欄に「他害」という文字が書かれた病院の診断書を持っていくとどの施設からも断られた。

内科で点滴を受け、精神科で薬を処方してもらいながら介護生活を続けた。父の状態が落ち着き、ショートスティを利用できるようになっても、私の体調は回復しなかった。父の朝の身支度を何とか行う以外は、介護と呼べることはほとんど何もできなくなった。子どもたちの世話も最低限のことをするのがやっとだった。

そんな私や子どもたちを気遣ってくれたのは、父の介護に関わる人たちだった。ヘルパーさんたちは、私に負担をかけないように時間内に父の世話はすべて済ませてくれた。私が帰宅すると、父は夕食をすますだけでなく、歯磨きなどの寝る前の支度もすべて終えていた。父がデイサービスから持ち帰った大量の洗濯物もすべて洗濯されて干されていた。度々の時間の延長にも快く応じてくれた。私が家にいる土日でも私の体調次第では、訪問介護サービスを入れてもらった。ヘルパーさんは子どもたちにも声をかけ、子どもたちもヘルパーさんになついた。私が起き上がれずに横になっているときも、ヘルパーさんは、父を介護しながら、子どもたちの話し相手もしてくれていた。デイサービスも、私の都合に合わせて送迎の時間を調整してくれたりもした。

それでも誰も、「もう在宅介護は無理だよ」とは言わなかった。私が納得するまで、父と私と子どもたちを精一杯支えていこうと、介護に携わってくれた各事業所間で話し合われていたようだ。私が全く役に立たないことを詫びると、「介護にどれだけ従事するかにかかわらず、一番たいへんな思いをしているのは家族だ」と言ってくれた。

私や子どもたちは、大勢の介護者たちから見守られていた。肉体的にも精神的にもギリギリの状態だったが、私は孤立を感じたことはなかった。私の携帯電話の中には、私がＳＯＳを出せる何十という連絡先があった。私もまた彼らから「安心」を与えてもらっていた。

そのうち、私は父が、家庭的な介護が受けられる認知症高齢者のグループホームに入所できないかと考えるようになった。ケアマネージャーが紹介してくれたグループホームの介護士が何人かで父の様子を見に来た。父は初対面のその人たちの声かけににこやかに応じていた。しばらく父に話しかけていたグループホームの介護士が、私に「穏やかな方ですね」と言った。

「もう大丈夫だ」私の中でやっと在宅介護を終える決心がついた。在宅介護を始めてから一年半が経っていた。

父はグループホームで一年半過ごし、その後、特別養護老人ホームで一年半を過ごした。グループホームでも、特別養護老人ホームでも、「穏やかな人」「にこやかな人」として過ごした。訪ねていくと、他の入所者や介護士に話しかけられて笑っている姿を見かけた。

最後は癌が見つかり、ベッドに横になることが多くなった。ある日、食事をしながら馴染みの介護士の肩にもたれかかり、そのまま眠りにつくように亡くなった。

6. 生きる力とは、人に支えられること

在宅介護と施設介護とどちらの選択がいいのか、一概には何とも言えないが、家族が無理をして在宅介護をするくらいなら、介護は施設の専門家に委ねて、家族は施設を訪ねて笑顔で接するということのほうが望ましいと思う。ただ、あの時、父を病院のあの状態で生き続けさせ、あのまま死なせるわけにはいかなかった。父を「ジョニーは戦場に行った」の主人公にしてしまうかもしれない決断は、私にはあまりにも重すぎた。私は自分の在宅介護という決断をよかったのだと思っている。自己満足かもしれないが、父は人間として生きたと思えるからだ。それを私は自分の目で確かめることができた。

介護される者と介護する者の、尊厳と意思を尊重して支えてくれた、何十人もの人たちがいてくれたおかげで、父も私も生き抜くことができた。生きる力とは、支えがなくても生きていける力ではなく、助けを求めることであり、支えてもらうことであるということを思い知った。

私たち家族を支えてくれたのは、主に在宅介護を行うNPO法人であり、移送サービスや介護のための住宅改修を支援するNPO法人も関わってくれた。しかし、NPOだけではなかった。毎日の訪問介護はNPO法人、社会福祉法人、営利法人の事業所が連携してローテーションを組んでくれた。さらに営利法人が運営しているデイサービスやグループホーム、レンタル事業者、社会福祉法人が運営する特別養護老人ホームなど多様な組織と人々が関わってくれた。地域の支え合いはNPOだけでなく、様々な事業者や団体が、支援を必要とする人それぞれの状況にそって何層にも重なり合うことで可能になる。サービスを提供する事業所が、それぞれ得意分野を

活かしつつ補い合うことで、父や私が必要とする支援やサービスをつくりだしてくれたのだった。

7. ＮＰＯがつくりだす命を支えるネットワーク

医療と福祉、どちらも人間が生きていくためには必要なものだが、それぞれ命の支え方が違う。最近は医療においても、ＱＯＬ（生活の質、Quality of Life）が重視されているが、どうしても医療的な治療行為が中心とならざるをえない。医療での治療効果が期待できない場合、医療現場ではそれ以上どうにもならないということもあるだろう。

生命としての命を支えるのが医療なら、人がいかに生きるかという目線で命を支えるのが福祉だろう。

今の日本社会は、医療と福祉が区分けされがちだ。例えば病気や怪我で入院した場合、入院している間は医療が治療を行い、退院して後遺障害があったり、要介護状態になれば、主に福祉がケアをすることになる。しかし、病院での治療では改善しなかったことが、自宅に戻って日常生活を支えてもらうことで改善することもある。病院では足腰が弱って車いすだったのに、自宅で介護を受けるようになってから歩けるようになったなど、ＡＤＬ（日常生活動作、Activities of Daily Living）が向上する例はよく聞く。そして何よりも福祉の大きな役割は、一人ひとりがもっている力を引き出し、その人にとっての豊かな人生を送ることを手助けすることである。それは「安心」とか「信頼」といった言葉でも表現できる。

高齢者にとっての、介護サービスというのは、自分一人では困難な日常生活の支えであると同時に、安心して豊かに生きるための支援である。介護サービスを担う事業所や従事する人々がどのように接するかで、人生の締めくくりの期間が、本人にとってどのような意味をもつのかが大きく変わることもある。

そうした介護サービスの担い手として、ＮＰＯというのはまさに適役だ。地域の支え合いや人間としての尊厳を理念として掲げて、そのために活動しているからだ。

私の介護生活を支えてくれたＮＰＯ法人ぐるーぷ藤は、介護保険制度もまだなかった一九九〇年代の初めに、地域での福祉の支え合いを市民の手で実現しようと設立された、介護ＮＰＯの中でも老舗であり、地域でのネットワークも経験も豊富なＮＰＯだった。そして何より、介護を必要とする高齢者やその家族に寄り添う支援を続けてきた。

全国には、同じような思いで介護サービスを立ち上げたＮＰＯがたくさんある。一九九三年に設立され、全国に波及効果をもたらした、富山市のデイケアハウスこのゆびとーまれもその一つだろうが、全国のあちこちに、介護を通した地域の支え合いのモデル的な役割を果たしてきたＮＰＯが存在する。そして、数えきれないＮＰＯが、同じような思いのもとで、それぞれの地域で介護サービスを担っている。

さらにＮＰＯによる介護サービスの展開は、地域で介護や福祉のネットワークをつくってきた。私が経験した介護もそうだったが、介護というのは、一つの法人や一つの事業所だけで支えきれるものではない。介護を必要とする高齢者や家族の生活に合わせて、地域に存在する様々な資源をつないで、オーダーメイドの支援パッケージをつくることが必要なのだ。それは、営利組織も含めた地域の様々な事業所、行政機関、医療機関などと連携することで可能になる。営利目的での競合や、行政組織の縦割りから自由な立場で、利用者目線で必要な事業所や機関をつなぎ、利用者本位の支援チームをつくることができるのもＮＰＯならではの役割だろう。

介護サービスにとどまらず、ＮＰＯは地域の支え合いのネットワークづくりの推進力なのである。

第11章　市民社会をめざして

——分断を乗り越える市民力

1. 共生社会を実現する「多様性」と「包摂」

差別を受けたり、社会から排除されがちな人たちの人権を保障し、ともに生きていく。つまり「共生」「共生社会」だ。共生、共生社会という価値観は、市民活動やNPOとして活動するうえで共通の価値観である。そしてそれはいろいろな形で社会に受け入れられている。最近では、福祉の世界を中心に「ソーシャル・インクルージョン」（社会的包摂）という言葉が使われる。雇用面では多様性の観点から性別、国籍、障がいの有無などを幅広く受け入れていこうという「ダイバーシティ」という概念も一般化した。ソーシャル・インクルージョンもダイバーシティも共生を意味する言葉だ。

ダイバーシティは生物多様性（biological diversity）などにも使われる言葉だが、人間社会では性別、国籍、障がいの有無、性的指向など、個々人がもつ個性が尊重され差別を受けないことを示す。企業や大学など多くの組織が「ダイバーシティ宣言」を掲げるようになった。ソーシャル・インクルージョンは、様々な要因で社会から排除されている、あるいは、排除されがちな人たちを包み込み支え合って生きることを示している。生活困窮者、障がい者、疾病を抱える人たち、虐待やDVなどの暴力にさらされてきた人たちなど、困難を抱えて生きる人たちを支え、社会的孤立を解消しようとする価値観である。

ダイバーシティもソーシャル・インクルージョンも、どちらも「あらゆる個性を排除せず尊重する」という価値観は共通するが、企業や大学などで、能力の活用や活躍できる機会の提供として用いられるダイバーシティに対して、ソーシャル・インクルージョンは、あらゆる人たちを包摂する社会そのものをめざすものであり、誰もが支えられて生きる権利を保障しようとするものであるとも言える。

さらに社会のめざすべき価値としても、サステナビリティ（持続可能性）や、ＳＤＧｓ（持続可能な開発目標）が唱えられるようになった。ＳＤＧｓというと、日本では環境分野ばかり注目されるが、環境面だけの開発目標ではない。二〇一五年の国連サミットで定められたＳＤＧｓの一七の目標には、「貧困をなくす」とか「ジェンダー平等を実現する」とか、日本ではピンとこないかもしれないが「安全な水とトイレを」など、地球規模の目標として掲げられている。サステナビリティやＳＤＧｓも共生社会の具体的なあり方を示す言葉である。

こうした目標に現実社会をどう近づけていくのかという具体論になるとその道のりはたやすいものではないのだが、これらの価値観が国際的に共通の価値観となりつつあることはたしかである。

2. 格差と分断と社会的孤立

ダイバーシティやソーシャル・インクルージョンという価値観が浸透する一方で、現実社会を見ると、こうした言葉を必死で叫ばなければ持ちこたえられないほど、この社会は根っこの部分で分断が進んできているのではないかとも思える状況にある。

分断の最大の原因は格差の拡大である。一九八〇年代から相対的貧困率は少しずつ上昇していたが、「貧困」「困窮」という社会問題として顕在化したのは、ここ一〇年ぐらいである。相対的貧困率は、それぞれの国において、等価可処分所得の中央値の半分（貧困線）に満たない世帯員の割合であり、日本においては、二〇一五年の貧困線は一二二万円で、相対的貧困率は一五・六％となっている。中央値と平均とは違う。所得がいちばん多い人からいちばん少ない人まで順に並べたとき、ちょうど真ん中の人の所得が中央値である。かりにその所得が一〇〇万円だったとすると、その半分、すなわち五〇万円が貧困線であり、五〇万円以下の所得の人が相対的貧困者である。

困窮している人というと、お金もなく、住む場所もなく、寒さや空腹に耐えているような人たち、例えばホームレス状態にあるような人たちだと思う人もいるだろう。生活保護を受けている人というイメージもあるかもしれない。そしてそのような状況に陥ってしまうのはごく一部の特別な事情を抱えた人だと思う人も多いだろう。だから相対的貧困率は一五・六％と言われたら、驚く人が多いのではないだろうか。何と六人に一人が相対的貧困なのだから。

実は、今日、日本社会に広がる困窮という問題は目に見えにくいのだ。わずかな年金をやりくりしながら生活する高齢世帯、ひとり親世帯、非正規雇用の低賃金で働く、いわゆるワーキング・プアと呼ばれる人たち、障がいや疾病で短時間しか働くことができない人たち、高齢の親と引きこもりの四〇代～五〇代の子が、親の年金のみで暮らす世帯（しばしば８０５０《はちまるごーまる》問題と言われる）など。困窮状態で生活していても、一見してそうした状況だとわかるものではない。

困窮状態の人たちが存在する一方で、その対極には経済的に余裕のある層が存在する。テレビのコマーシャルにも、広々とした洗練された家、最新の車、資産活用など比較的富裕層をターゲットにした商品やサービスがあふれている。付加価値のついた決して安いとは言えない電化製品や日用品も売れている。日本は豊かな国だと思わせる情報にあふれている。

格差が広がっているのである。そしてこの格差の背景には、雇用形態や社会保障の問題、ジェンダー、障がいや疾病など様々な問題が存在するのである。こうした格差の背景にある問題は、同じ社会に生きる人々を分断する様々な分断線ともなっている。正規労働者か非正規労働者か、生活に足りる年金受給者かそうでないか、障がいや疾病があるかどうか、ひとり親世帯かどうか、そして、男女、国籍、民族などの分断線も依然として存在する。こうした分断を複合的に被ることで、困窮リスクはいっそう大きくなる。例えば、母子世帯の母の年間就労収入の平均は二〇〇万円で、父子世帯の父の年間就労収入の平均三九八万円の半分である（厚生労働省「平成二八年度全国ひとり親世帯等調査結果報告」）。

さらにこうした格差を助長するのが、社会的孤立の問題である。年金が少ない高齢者であっても、経済的に余裕のある子の世帯と同居し扶養されていれば、困窮者とは見なされない。穏やかな老後生活を送ることもできる。一方、家族がいなかったり、家族や親族との関係が切れている場合は、高齢になって働けなくなったときに、生活するのに足りる年金がなければ困窮状態にならざるをえない。家族・親族関係だけを見ても、たんに本人の収入によって困窮か否かが決まるわけではないことはわかるだろう。

家族や親族がいなくても、近隣住民や地域の支援機関と日常的な関わりがあれば、生活に困る状況になりそうなときに相談し、行政サービスを利用したり、近隣住民に支えられることで、生活を維持していくこともできる。しかし、そうした関わりをもたないで暮らしている人たちもいる。誰にも、どこにも相談できずに、支払いができずにライフラインが止まってしまったり、食べるものもなくなってしまったり、カードローンで債務が膨らんでしまうということもある。貧困や格差は、社会的孤立という問題とも密接に関わっている。

社会的価値として浸透していくダイバーシティやソーシャル・インクルージョン。その一方で、現実社会で進みつつある格差と分断と社会的孤立。理念と現実が乖離する社会に私たちは生きている。

3. 分断が生みだす新たな保身の構造

大学でNPOについてのいくつかの授業を担当し、学生の意見を聞いていると、冒険してみようとか、失敗したらやり直せばいいとか、若者にありがちな楽観的なチャレンジ精神が希薄になっていると感じる。自分の興味のあることを仕事にして生きていくことを模索するよりも、少しでも安定した職業に就きたいと願う若者が増えている。それだけこの分断社会が不安定で将来への不安があるということだろう。

高度経済成長期以後、日本は経済的に豊かになった。一定以上の収入を得て、ある程度ゆとりのある暮らしができるようになった人たちは、その生活を失いたくないと保身を考えるようになった。バブル期によく生活保守主義という言葉が語られたが、生活保守主義の根っこにあるのが保身である。

保身は「中流」と自覚できる程度以上の生活を失うことへの不安であり、豊かさと表裏一体だった。現在の保身は、豊かさとセットの保身ではない。ぎりぎり生活を維持できる収入で働いている人たちや、まだ就職もしていない若者たちが、今の仕事は失いたくないとか、せめて生活に困らないぐらいの安定は手に入れたいという、崖っぷちの保身だとも言える。

今の二〇代は、共生や多様性という言葉を当たり前の価値観として育ってきた世代だ。そしてみずからもその価値観をもっている。差別や排除の存在を知れば、そのことに理不尽さを感じて憤る。社会的包摂という言葉を説明すると、そういう社会であってほしいと共感する。他方で、現実はそんな甘いものではないのではないかということを肌で感じながら生きている世代だ。

あらためて、三〇年以上ＮＰＯに携わってきてこの社会がどう変わったのかを考えるとき、環境や人権など様々な分野で価値観は変わった。法制度も整備され、市民の実践も広がった。ＤＶ防止法、自殺対策基本法、生活困窮者自立支援法など、こぼれ落ちそうになる人を掬う制度もでき、ＮＰＯはこうした制度の担い手としても不可欠な存在になった。それでも社会のセーフティネットはいまだに脆弱なままだ。むしろ雇用や社会保障など、様々な社会システムが、セーフティネットからこぼれ落ちる人を増やしている。

日本の社会がこれほどの格差と分断に陥るということは考えられていなかった。市民やＮＰＯの手に負えるのかと思ってしまうこともある。現在、生活困窮者支援を行う一般社団法人インクルージョンネットかながわの理事として日々、切羽つまった人たちに遭遇し、切羽つまった対応に追われていると、どうしても、そうした立場から社会を見てしまう。自分たちは何と無力なのか、社会を変えていくはずだったＮＰＯはこの状況をどうすることもできないのかという思いと、それでも市民が能動的に社会を変えていくんだという思いの狭間でゆれている自分がいる。

4. NPOによる社会の地殻変動

分断社会を市民は変革できるか。今日の社会において、市民の力があらためて試されている。NPOは様々な問題に取り組み、社会の価値観やシステムを変えてきた。人々は、身の周りの課題や関心、例えば子育てや身近な自然環境などに取り組むことで、社会を見通すことができるようになる。身の周りの課題に対して何か行動をしようとする人々によって、たくさんのNPOやNPO法人が設立された。NPOとして活動する中で、社会のシステムや法制度の不備や矛盾にぶつかることも多い。そうした法制度の不備や矛盾に対して、市民の目線で、経験をもとにした政策提案もまたNPOだからこそできることである。社会課題に取り組む中から提言が生まれる。NPOは人々のそうした志向を育む場である。NPOは現代民主主義に命を吹き込む重要なアクターなのだ。

私は、NPOやNPOに集って活動する市民の力を実感してきた。だからこそ、今日、その市民の力が試されているのだと感じる。NPOや市民が、この間に培った力を発揮できれば、この分断社会を変革していく主体ともなるだろう。

様々な人が様々な思いでNPOに関わるようになってきている。街中でふと目についた雑貨店に入ってみると、そこで扱われている商品の中はフェアトレード商品があったり、経営しているのはNPO法人だったりする。地域の商店街を活性化しよう、地域で子どもたちのためのイベントをしよう、高齢者が立ち寄れる場をつくろう、そんな地域での人々の活動がたくさん生まれてきている。日常生活の中で問題に感じたことを、自分たちのできる方法で、主体的に取り組む、ということは自治の原点だろう。フェアトレード商品の店を経営することは、たんなる経済活動ではない。

そして、新たに生じた問題や顕在化した問題に対して、市民が何らかの活動を起こしている。ＬＧＢＴの人たちの権利保障、ギャンブル依存症の人たちへの支援、刑余者の支援など、この社会にはこういう課題があるということを気がつかせてくれるのは当事者を含めたＮＰＯ等の活動である。政府が先頭に立って、ＬＧＢＴの人たちの権利保障をしたり、ギャンブル依存症の人たちや刑余者の支援に取り組んだりしてきたわけではない。まず当事者や支援者が活動を始め、声を上げ、共感の輪が広がって、それから政治が動き、政府が変わるのである。当事者や支援者の活動は営利活動ではない。欲得抜きで、社会正義と公正のために儲かりもしない活動に乗り出すのだ。このような儲かりもせず、採算も取れないことに、ほとんどの企業は手を出さない。手を出せないのだ。企業は利益を出すことが株主に対する責任でもある。利益の一部を社会貢献として還元することはできるが、本業として取り組むことは難しい。

解決に向かう問題もあれば、新たに生まれる問題もある。常に誰かが「これが問題だ」ということを社会に発信していかなければ、問題が問題として認識されることもない。当事者や実践者だからこそ問いかけることができる社会への発信は途切れることなく続いている。

この変化が、社会の地殻変動であるならば、ＮＰＯは社会を変える重要なアクターなのである。

このＮＰＯの本来の力がもっと発揮されていい。例えば、困窮世帯の子どもたちへの生活や学習等の支援を例にとってみる。ＮＰＯが独自で行っていることもあれば、自治体が実施しＮＰＯが受託していることもある。その事業や活動に参加するボランティアはみな善意で、子どもの貧困に問題意識をもっている。だからこそボランティアとして一生懸命協力する。目の前の子どもたちを支援することは、ＮＰＯの当事者性や機動力、専門性を生かした重要な取り組みだ。と同時に、これは社会の構造的な問題でもある。格差が広がり貧困層が拡大しているのは、雇用形態や社会保障、教育システムなどを含め社会のしくみが機能不全に陥っているからでもある。困窮世帯の子どもが増えれば、もっとボランティアを増やしてもっと多くの子どもたちを支援すればそれでいいという問題ではない。

イギリスの法学者ジェームズ・ブライスは「地方自治は民主主義の学校」と言った。NPOもまた「民主主義の学校」として機能するはずなのだ。NPOに参加し、その枠の中で活動することで充足してしまえば、それは社会の綻びの一端を対処療法的に繕い続けるだけになってしまう。NPOは、そこから見える社会に手を伸ばすことができるはずなのだ。

5. 市民社会への道のり――NPOのさらなる役割を期待して

今の二〇歳前後の若者にとって、NPOやNPO法人制度は、生まれる前からあった組織であり制度だ。「NPO法人が設立できるようになったのは、一九九八年のNPO法設立以後」ということを説明すると「NPO法人の歴史はこんなに浅いのか」と驚く学生たちも少なくない。

今では、中学校や高校の授業で、NPOやNPO法人という言葉を学ぶことが多い。それがどのような組織なのか詳しくは知らなくても、そういう組織があるということを知ることになる。私たちの世代にとっては、新たにつくりだした組織であるが、若者にとってはすでに存在している組織だ。この違いは大きい。

彼らが、社会に存在する問題に関心をもち、その解決に取り組みたいと考えた時、彼らにとってNPOというのは既存のツールの一つにすぎない。株式会社などの営利法人を使って利益を求めながら社会を変えていこうとすることも、ＮＰＯ法人という非営利法人を使って社会を変えていこうとすることも、選択肢としては同列なのかもしれない。年代を問わず、行動を起こす人たちの選択肢の一つとしてＮＰＯが存在するということでいいのだと思う。ＮＰＯの役割は、ＮＰＯに多くの人が参加することで社会を変えていくにとどまらず、ＮＰＯが求める価値観や市民が行動することで変化が生まれるという実感を、社会の隅々に浸透させることでもある。企業や行政という組織にあっても、また、職場、家庭、地域という人々が生活を営む場においても、多くの市民が、ＮＰＯが求めてきた価値観に共感して行動することが、社会を変えていくことにつながる。

さらに昨今は、人が集まり行動を起こすツールとして組織が必ずしも必要とは限らない。意思決定や合意形成においても、トップダウン式の組織から、ボトムアップ式の組織へと組織が民主化されることが社会の民主化とも連動していた時代を超えて、組織という道具を使わない意思決定や合意形成、そして新たな価値創造の時代へと変化してきている。

会員など団体の構成メンバーを固定せず、ＳＮＳを使って意見を求めたり、行動を呼びかけたりする団体（団体というべきかも曖昧だが）もある。かつても、一過性の集会やデモなどでは、チラシや新聞広告で不特定多数に呼びかけて多くの人々を集めるという行動はあった。しかし、それは一過性の行動にしか使えなかった。今はＳＮＳで、関心をもつ人たちに継続的に情報を届けることもできる。

ＳＮＳは、政治家やＮＰＯも利用し発信し始めているが、今はまだ、どちらかというと個人的な興味や関心を自由に発信するツールとして活用されている。不用意に他人のプライバシーを侵害してしまったり、デマ情報が拡散されてしまったり、犯罪に巻き込まれるきっかけになったり、悪ふざけが高じて非難を浴びることになるなど、マイナス面も多く見られるが、その多くはルールやマナーの未成熟さ、リスクへの無知がある。メディア・リテラシーの問題でもある。個々人が自由に発信するというSNSの特性が、個人主義を助長するのか、水平のコミュニケーションの中で、社会的課題を共有し議論できるデジタルコミュニティへと発展できるのかはまだ未知数であるが、一つの可能性としては注目したい。

といっても、デジタルコミュニティだけで人々は生きることはできず、行動を誘発するのも人との関わりであることが多い。直接的な人と人の関わりのもつ力は大きい。地域でのコミュニティの再構築や営利、非営利問わず様々な組織が社会変革の機動力をもつこと、そしてデジタルコミティを通した社会的な合意づくりや新たな価値の創造が実現すること、そしてそうしたプロセスに市民が問題意識をもって行動すること、そういったことが市民社会に向けた次のステップになるのかもしれない。

分断が広がる今日の社会にあって、NPOが培ってきた力を発揮することに加えて、多彩な手法を通しての市民力の発揮があっていい。

NPOという言葉が登場した頃、市民社会は混沌としていた。異議申し立てをする市民運動もあれば、市民の実践的な活動や事業も登場していた。無償のボランティアで行うと考えられていた市民活動が、人を雇用し専門的な組織として社会の課題に取り組むようにもなった。多彩な手法で市民が行動した。その混沌が市民の大きなエネルギーを顕在化させ、市民セクターとNPOを社会に認知させた。

今日の混迷する社会の中で、市民の行動や活動もまた混沌としている。混沌は新しい動きを生みだすエネルギー源ともなる。混沌の中で社会は変わっていく。

一九九〇年代、市民社会の混沌の中から生まれたNPOは、二一世紀のデモクラシーの先導役となった。市民が社会を変える、市民がみずから活動し、合意形成しながら社会を運営していくデモクラシーを実践し、市民の力を引きだしてきた。

そして、今日の混沌とした社会は、ＮＰＯに次の役割を求めている。それは、ＮＰＯがめざしてきた「共生」「包摂」といった価値観やそれに向けた実践を、ＮＰＯセクターにとどまらず、行政セクターや企業セクターも含めた社会全体に広げていくことである。

今日の分断社会においては、排除される人々や見落とされる課題をＮＰＯは顕在化させることができる。と同時に、そうした課題に応答できる社会をつくり上げる必要があるのだ。ＮＰＯはみずからの事業を遂行することに充足せず、市民、行政、企業など様々な主体に働きかけ、社会の応答力を高めていく役割がある。二一世紀の市民社会は、まさにこの社会の応答力を高める市民の力が問われているのである。

参考文献

本書では様々な概念についての詳細な解説や文献からの引用はほとんどしていない。事例についても多くは簡潔にまとめて紹介させてもらっている。本書で取り上げた概念や事例に興味をもたれた方は、以下の文献を参照していただくことをお勧めする。中にはすでに入手が困難となっているものもあるがご了承いただきたい。

本多勝一『殺される側の論理』朝日新聞社、一九七一年
家永三郎『太平洋戦争』岩波書店、一九六八年
松下圭一『市民自治の憲法理論』岩波書店（岩波新書）、一九七五年
松下圭一『市民文化は可能か』岩波書店、一九八五年
篠原一『市民参加』岩波書店、一九七七年
篠原一編著『ライブリー・ポリティクス――生活主体の新しい政治スタイルを求めて』総合労働研究所、一九八五年
鳴海正泰『戦後自治体改革史』日本評論社、一九八二年
鳴海正泰『転換期の市民自治――人間サイズの都市づくり』日本経済評論社、一九八七年
「元横浜市長飛鳥田一雄への鳴海正泰のインタビュー」『横浜市史資料室紀要第二号』横浜市史資料室、二〇一二年
横山桂次『地域政治と自治体革新』公人社、一九九〇年
C・B・マクファーソン『自由民主主義は生き残れるか』田口富久治訳、岩波書店（岩波新書）、一九七八年
C・ペイトマン『参加と民主主義理論』寄本勝美訳、早稲田大学出版部、一九七七年
J・リップナック、J・スタンプス『ネットワーキング――ヨコ型情報社会への潮流』社会開発統計研究所訳、正村公宏監修、プレジデント社、一九八四年
ロバート・パットナム『孤独なボウリング――米国コミュニティの崩壊と再生』柴内康文訳、柏書房、二〇〇六年
レスター・M・サラモン『米国の「非営利セクター」入門』入山映訳、ダイヤモンド社、一九九四年
レスター・M・サラモン、H・K・アンハイアー『台頭する非営利セクター――12カ国の規模・構成・制度・資金源の現状と展望』今田忠監訳、ダイヤモンド社、一九九六年
ジョン・フリードマン『市民・政府・NGO――「力の剥奪」からエンパワーメントへ』斉藤千宏・雨森孝悦監訳、新評論、一九九五年
山岡義典編著『NPO基礎講座（新版）』ぎょうせい、二〇〇五年
特定非営利活動法人日本NPOセンター編『知っておきたいNPOのこと【基本編】』二〇〇四年
特定非営利法人日本NPOセンター・特定非営利活動法人まちづくり情報センターかながわ編『知っておきたいNPOのこ

と2【資金編】』二〇〇六年
特定非営利活動法人日本NPOセンター編『知っておきたいNPOのこと3【協働編】』二〇〇八年
『市民社会とNPO』特定非営利活動法人かながわ女性会議、二〇一三年
特定非営利活動法人まちづくり情報センターかながわ編『かながわの市民社会1990's』二〇〇一年
特定非営利活動法人まちづくり情報センターかながわ『たあとる通信』一号～四〇号、二〇〇一年～二〇一三年
グラスルーツinかながわプロジェクト編『(もっと)²神奈川!――地域を楽しく生きる人・店・グループのエコロジカルネットワークリスト』一九九三年
もっかな探検隊『もっともっと〝もーっと〟神奈川!――今どきまっとうな人・店・グループを訪ねて「もっかな探検隊」が行く!!』夢工房、二〇〇〇年
脇坂誠也『徹底比較!NPO法人vs新公益法人』特定非営利活動法人シーズ・市民活動を支える制度をつくる会、二〇〇九年
新倉裕史『横須賀、基地の街を歩きつづけて――小さな運動はリヤカーとともに』七つ森書館、二〇一六年
信愛塾40周年記念冊子『記憶と記録――信愛塾40年のあゆみ』特定非営利活動法人在日外国人教育生活相談センター・信愛塾、二〇一八年
高木仁三郎『原発事故はなぜくりかえすのか』岩波書店(岩波新書)、二〇〇〇年
広岡守穂『市民社会と自己実現』有信堂、二〇一三年
広岡守穂編『社会が変わるとはどういうことか?』有信堂、二〇一九年
アブラハム・H・マスロー『完全なる人間――魂のめざすもの』上田吉一訳、誠信書房、一九六四年
アマルティア・セン『不平等の再検討――潜在能力と自由』池本幸生・野上裕生・佐藤仁訳、岩波書店、一九九九年
服部則仁編著『まちづくりと市民参加』1～8、財団法人まちづくり市民財団、一九九九年～二〇〇六年
林泰義編著『市民社会とまちづくり』ぎょうせい、二〇〇〇年
マイケル・バラット・ブラウン『フェア・トレード――公正なる貿易を求めて』青山薫・市橋秀夫訳、新評論、一九九八年
佐藤寛編『フェアトレードを学ぶ人のために』世界思想社、二〇一一年
渋川智明『福祉NPO――地域を支える市民起業』岩波書店(岩波新書)、二〇〇一年
鷲尾公子『市民出資の福祉マンション――NPO法人ぐるーぷ藤の挑戦』全国コミュニティライフサポートセンター、二〇〇八年
川口清史『非営利セクターと協同組合』日本経済評論社、一九九四年
ムハマド・ユヌス『貧困のない世界を創る――ソーシャル・ビジネスと新しい資本主義』猪熊弘子訳、早川書房、二〇〇八

年
非営利ペイドワーク創出研究会『報酬を支払えるNPOになるために――非営利組織にペイドワークを創り出すための7つのヒント』二〇〇九年
惣万佳代子『笑顔の大家族このゆびと―まれ――「富山型」デイサービスの日々』水書坊、二〇〇二年
西野博之『居場所のちから――生きてるだけですごいんだ』教育史料出版会、二〇〇六年
湯浅誠『反貧困――「すべり台社会」からの脱出』岩波書店（岩波新書）、二〇〇八年
阿部彩『弱者の居場所がない社会――貧困・格差と社会的包摂』講談社（講談社現代新書）、二〇一一年
橘木俊詔『21世紀日本の格差』岩波書店、二〇一六年
アンソニー・B・アトキンソン『21世紀の不平等』山形浩生・森本正史訳、東洋経済新報社、二〇一五年
横浜プランナーズネットワーク編著『ザ・まち普請――市民の手によるまちづくり事業のキモ』二〇一九年
後房雄編『フルコスト・リカバリー（総費用の回収）――サードセクターが公共サービスを担うために』公益社団法人日本サードセクター経営者協会、二〇一一年
アーリー・ホックシールド『セカンド・シフト――アメリカ共働き革命のいま　第二の勤務』田中和子訳、朝日新聞社、一九九〇年

あとがき

本書に書いた一九八〇年代から一九九〇年代のこと、あるいはそれ以前のことについては、若い世代にとってはすでに歴史の一部であり、現在の社会で起こっていることとは別のことだと思われるかもしれない。しかし、社会というのは、過去の経験を引き継ぎながら発展したり、変遷したりするものである。現在の社会もそうであるし、これからの社会もそうであろう。過去と現在にどのような問題意識をもって向き合うかで、今後の社会をどうつくっていくのかを考えることができるのだと思う。

そして、世代に関わらず、今の時代を生きる誰もが社会を変える大勢のひとりになることは可能だ。一人ひとりの社会を変えようとする意思と行動、そしてそれに応答できる社会を、二一世紀の市民社会として、これからも求め続けていきたい。

本書は、この間、私が様々な文献や雑誌、講演、大学の授業等で論じたり、伝えてきたことを再構築した部分も多い。私自身が関わったり、身近に見てきたＮＰＯの取り組みや制度も事例として紹介させてもらっている。事例としてまとめるにあたっては、該当するＮＰＯの関係者や行政関係者など多くの方に確認や助言をお願いした。その依頼を快く引き受けてくれた方々に心からお礼を申し上げたい。さらに本書で紹介した私自身のこれまでの経験は、それ自体が多くの方々の支えがあってこそ得られた経験であることをあらためて実感している。

また、本書をまとめるにあたっては、私が中央大学・大学院に在籍していた時に指導にあたってくれ、現在はともに授業も担当させていただいている、中央大学法学部の広岡守穂教授に全面的に助言をいただいた。広岡教授のご指導・ご助言に深く感謝したい。

本書が、学生など若い世代や、ＮＰＯの新たな参加者、支援者、賛同者などにとって、ＮＰＯの存在意義や市民の力をあらためて考える材料になればありがたいと思う。同時に、これまで連携して活動してきた多くの仲間や、私を支えてくれた人たちに対しても、あらためて私の認識や問題意識への様々なご意見を賜ることができれば幸いである。

著者紹介
川崎　あや（かわさき　あや）
1962年生まれ。中央大学大学院法学研究科博士課程前期課程修了。政治学専攻。大学院在学中の1988年、神奈川県内の市民活動を支援する「まちづくり情報センターかながわ（通称：アリスセンター）」の設立に伴い、事務局スタッフとして働き始め、1995年～2006年まで同事務局長。2006年から2009年まで、「横浜市市民活動支援センター」の事務局次長、事務局長を歴任。2010年度から2013年度に内閣府のパーソナル・サポート・サービスモデル事業として横浜に開設された「生活・しごと∞わかもの相談室」の事務局長を経て、現在は、生活困窮者を支援する「一般社団法人インクルージョンネットかながわ」に理事として勤務。その他、現在役員として関わるNPOは、NPO法人まちづくり情報センターかながわ理事、NPO法人ぴーのぴーの監事、NPO法人たまりば監事。中央大学、関東学院大学、東洋学園大学非常勤講師。
おもな共著に『市民社会とまちづくり』（ぎょうせい）、『大都市制度の現状と再編課題――横浜市の場合』（学文社）、『社会が変わるとはどういうことか？』（有信堂）など。

NPOは何を変えてきたか――市民社会への道のり

2020年5月18日　　初　版　第1刷発行　　〔検印省略〕

著　者©川崎 あや／発行者　髙橋 明義　　印刷・製本／亜細亜印刷

東京都文京区本郷1―8―1　振替00160-8-141750
〒113-0033　TEL(03) 3813-4511
FAX(03) 3813-4514
http://www.yushindo.co.jp
ISBN978-4-8420-5023-2

発行所
株式会社有信堂高文社

Printed in Japan